beck'sche reihe

Die großen Geschichten
der Menschheit

Die Geschichte von Josef, der von seinen Brüdern verkauft wird und in Ägypten zu Macht und Einfluss gelangt, gehört zu den schönsten, farbigsten und tiefgründigsten Erzählungen der Bibel. Wie keine zweite ist sie in unterschiedlichen Religionen und Kulturen lebendig. Im Christentum wurde Josef als Allegorie für Jesus verstanden. Der Koran widmet Josef eine lange Sure, die zur Grundlage der Liebesgeschichte von Yusuf und Suleika, der «schönsten Geschichte der Welt», wurde. Auch in der christlichen Welt gibt es zahllose künstlerische und literarische Verarbeitungen, unter anderem Thomas Manns Romanzyklus «Joseph und seine Brüder». Der vorliegende Band enthält die biblische Josefsgeschichte sowie die Fassung des Korans. Ein Nachwort von Karl-Josef Kuschel erklärt die Bedeutung der Erzählung in Judentum, Christentum und Islam und geht ihrer weitverzweigten Wirkungsgeschichte nach.

Karl-Josef Kuschel, geb. 1948, ist Professor an der Katholisch-Theologischen Fakultät der Universität Tübingen und lehrt dort Theologie der Kultur und des interreligiösen Dialogs. Zugleich ist er stellvertretender Direktor des Instituts für Ökumenische Forschung der Universität Tübingen und Vizepräsident der Stiftung Weltethos. Zu seinen wichtigsten Veröffentlichungen gehören «Jesus im Spiegel der Weltliteratur» (1999), «Streit um Abraham. Was Juden, Christen und Muslime trennt und was sie eint» (2001) sowie «Juden – Christen – Muslime. Herkunft und Zukunft» (2007).

JOSEF
BIBEL UND KORAN
IN ÄGYPTEN

Nach der Einheitsübersetzung der Bibel
und der Neuübersetzung des Korans
von Hartmut Bobzin

Mit einem Nachwort
von Karl-Josef Kuschel

Verlag C. H. Beck

Der Abdruck der Josefsgeschichte
in der Einheitsübersetzung der Bibel
erfolgt mit freundlicher Genehmigung
des Katholischen Bibelwerks, Stuttgart.

Die Koranübersetzung von Hartmut Bobzin
erscheint im Verlag C. H. Beck.
Der Vorabdruck von Sure 12 in diesem Band
erfolgt mit freundlicher Genehmigung
des Übersetzers.

© Verlag C.H.Beck oHG, München 2008
Umschlaggestaltung: Augenmaß & Wunderamt
Umschlagmotiv: Josef lässt als Verwalter in Ägypten
für seine Brüder Getreide abfüllen.
Elfenbeinthron in St. Maximian, Ravenna, 6. Jh. n.Chr.
© The Art Archive/Palast des Erzbischofs von Ravenna/
Alfredo Dagli Orti
Gesetzt aus der Bembo und der Trade Gothic im Verlag
Druck und Bindung: Ebner & Spiegel, Ulm
Printed in Germany
ISBN 978 3 406 56838 1

www.beck.de

INHALT

JOSEF IN DER BIBEL

GENESIS 37 UND 39–50

Josef und seine Brüder

37 1 Jakob ließ sich in dem Land nieder, in dem sich sein Vater als Fremder aufgehalten hatte, in Kanaan. 2 Das ist die Geschlechterfolge nach Jakob: Als Josef siebzehn Jahre zählte, also noch jung war, weidete er mit seinen Brüdern, den Söhnen Bilhas und Silpas, der Frauen seines Vaters, die Schafe und Ziegen. Josef hinterbrachte ihrem Vater, was die Brüder Böses taten. 3 Israel liebte Josef unter allen seinen Söhnen am meisten, weil er ihm noch in hohem Alter geboren worden war. Er ließ ihm einen Ärmelrock machen. 4 Als seine Brüder sahen, dass ihr Vater ihn mehr liebte als alle seine Brüder, hassten sie ihn und konnten mit ihm kein gutes Wort mehr reden.

5 Einst hatte Josef einen Traum. Als er ihn seinen Brüdern erzählte, hassten sie ihn noch mehr. 6 Er sagte zu ihnen: Hört, was ich geträumt habe. 7 Wir banden Garben mitten auf dem Feld. Meine Garbe richtete sich auf und blieb auch stehen. Eure Garben umringten sie und neigten sich tief vor meiner Garbe. 8 Da sagten seine Brüder zu ihm: Willst du etwa König über uns werden oder dich als Herr über uns aufspielen? Und sie hassten ihn noch mehr wegen seiner Träume und seiner Worte.

9 Er hatte noch einen anderen Traum. Er erzählte ihn seinen Brüdern und sagte: Ich träumte noch ein-

mal: Die Sonne, der Mond und elf Sterne verneigten sich tief vor mir. 10 Als er davon seinem Vater und seinen Brüdern erzählte, schalt ihn sein Vater und sagte zu ihm: Was soll das, was du da geträumt hast? Sollen wir vielleicht, ich, deine Mutter und deine Brüder, kommen und uns vor dir zur Erde niederwerfen? 11 Seine Brüder waren eifersüchtig auf ihn, sein Vater aber vergaß die Sache nicht.

12 Als seine Brüder fortgezogen waren, um das Vieh ihres Vaters bei Sichem zu weiden, 13 sagte Israel zu Josef: Deine Brüder weiden bei Sichem das Vieh. Geh, ich will dich zu ihnen schicken. Er antwortete: Ich bin bereit. 14 Da sagte der Vater zu ihm: Geh doch hin und sieh, wie es deinen Brüdern und dem Vieh geht, und berichte mir! So schickte er ihn aus dem Tal von Hebron fort und Josef kam nach Sichem.

15 Ein Mann traf ihn, wie er auf dem Feld umherirrte; er fragte ihn: Was suchst du? 16 Josef antwortete: Meine Brüder suche ich. Sag mir doch, wo sie das Vieh weiden. 17 Der Mann antwortete: Sie sind von hier weitergezogen. Ich habe nämlich gehört, wie sie sagten: Gehen wir nach Dotan. Da ging Josef seinen Brüdern nach und fand sie in Dotan.

18 Sie sahen ihn von weitem. Bevor er jedoch nahe an sie herangekommen war, fassten sie den Plan, ihn umzubringen. 19 Sie sagten zueinander: Dort kommt ja dieser Träumer. 20 Jetzt aber auf, erschlagen wir ihn und werfen wir ihn in eine der Zisternen. Sagen wir, ein

wildes Tier habe ihn gefressen. Dann werden wir ja sehen, was aus seinen Träumen wird.

21 Ruben hörte das und wollte ihn aus ihrer Hand retten. Er sagte: Begehen wir doch keinen Mord. 22 Und Ruben sagte zu ihnen: Vergießt kein Blut! Werft ihn in die Zisterne da in der Steppe, aber legt nicht Hand an ihn! Er wollte ihn nämlich aus ihrer Hand retten und zu seinem Vater zurückbringen.

23 Als Josef bei seinen Brüdern angekommen war, zogen sie ihm sein Gewand aus, den Ärmelrock, den er anhatte, 24 packten ihn und warfen ihn in die Zisterne. Die Zisterne war leer; es war kein Wasser darin.

25 Als sie dann beim Essen saßen und aufblickten, sahen sie, dass gerade eine Karawane von Ismaelitern aus Gilead kam. Ihre Kamele waren mit Tragakant, Mastix und Ladanum beladen. Sie waren unterwegs nach Ägypten. 26 Da schlug Juda seinen Brüdern vor: Was haben wir davon, wenn wir unseren Bruder erschlagen und sein Blut zudecken? 27 Kommt, verkaufen wir ihn den Ismaelitern. Wir wollen aber nicht Hand an ihn legen, denn er ist doch unser Bruder und unser Verwandter. Seine Brüder waren einverstanden.

28 Midianitische Kaufleute kamen vorbei. Da zogen sie Josef aus der Zisterne heraus und verkauften ihn für zwanzig Silberstücke an die Ismaeliter. Diese brachten Josef nach Ägypten.

29 Als Ruben zur Zisterne zurückkam, war Josef nicht mehr dort. Er zerriss seine Kleider, 30 wandte sich

an seine Brüder und sagte: Der Kleine ist ja nicht mehr da. Und ich, was soll ich jetzt anfangen? 31 Da nahmen sie Josefs Gewand, schlachteten einen Ziegenbock und tauchten das Gewand in das Blut. 32 Dann schickten sie den Ärmelrock zu ihrem Vater und ließen ihm sagen: Das haben wir gefunden. Sieh doch, ob das der Rock deines Sohnes ist oder nicht. 33 Als er ihn angesehen hatte, sagte er: Der Rock meines Sohnes! Ein wildes Tier hat ihn gefressen. Zerrissen, zerrissen ist Josef. 34 Jakob zerriss seine Kleider, legte Trauerkleider an und trauerte um seinen Sohn viele Tage. 35 Alle seine Söhne und Töchter machten sich auf, um ihn zu trösten. Er aber ließ sich nicht trösten und sagte: Ich will dauernd zu meinem Sohn in die Unterwelt hinabsteigen. So beweinte ihn sein Vater. 36 Die Midianiter aber verkauften Josef nach Ägypten an Potifar, einen Hofbeamten des Pharao, den Obersten der Leibwache.

Josef als Sklave in Ägypten

39 1 Josef hatte man nach Ägypten gebracht. Ein Hofbeamter des Pharao, ein Ägypter namens Potifar, der Oberste der Leibwache, hatte ihn den Ismaelitern abgekauft, die ihn dorthin gebracht hatten. 2 Der Herr war mit Josef und so glückte ihm alles. Er blieb im Haus seines ägyptischen Herrn. 3 Dieser sah, dass der Herr mit Josef war und dass der Herr alles, was er unternahm, unter seinen Händen gelingen ließ. 4 So fand

Josef sein Wohlwollen und er durfte ihn bedienen. Er bestellte ihn zum Verwalter seines Hauses und vertraute ihm alles an, was er besaß. 5 Seit er ihm sein Haus und alles, was ihm gehörte, anvertraut hatte, segnete der Herr das Haus des Ägypters um Josefs willen. Der Segen des Herrn ruhte auf allem, was ihm gehörte im Haus und auf dem Feld. 6 Er ließ seinen ganzen Besitz in Josefs Hand und kümmerte sich, wenn Josef da war, um nichts als nur um sein Essen. Josef war schön von Gestalt und Aussehen.

7 Nach einiger Zeit warf die Frau seines Herrn ihren Blick auf Josef und sagte: Schlaf mit mir! 8 Er weigerte sich und entgegnete der Frau seines Herrn: Du siehst doch, mein Herr kümmert sich, wenn ich da bin, um nichts im Haus; alles, was ihm gehört, hat er mir anvertraut. 9 Er ist in diesem Haus nicht größer als ich und er hat mir nichts vorenthalten als nur dich, denn du bist seine Frau. Wie könnte ich da ein so großes Unrecht begehen und gegen Gott sündigen? 10 Obwohl sie Tag für Tag auf Josef einredete, bei ihr zu schlafen und ihr zu Willen zu sein, hörte er nicht auf sie. 11 An einem solchen Tag kam er ins Haus, um seiner Arbeit nachzugehen. Niemand vom Hausgesinde war anwesend. 12 Da packte sie ihn an seinem Gewande und sagte: Schlaf mit mir! Er ließ sein Gewand in ihrer Hand und lief hinaus. 13 Als sie sah, dass er sein Gewand in ihrer Hand zurückgelassen hatte und hinausgelaufen war, 14 rief sie nach ihrem Hausgesinde und sagte zu

den Leuten: Seht nur! Er hat uns einen Hebräer ins Haus gebracht, der seinen Mutwillen mit uns treibt. Er ist zu mir gekommen und wollte mit mir schlafen; da habe ich laut geschrien. 15 Als er hörte, dass ich laut aufschrie und rief, ließ er sein Gewand bei mir liegen und floh ins Freie. 16 Sein Kleid ließ sie bei sich liegen, bis sein Herr nach Hause kam. 17 Ihm erzählte sie die gleiche Geschichte: Der hebräische Sklave, den du uns gebracht hast, ist zu mir gekommen, um mit mir seinen Mutwillen zu treiben. 18 Als ich laut aufschrie und rief, ließ er sein Gewand bei mir liegen und lief hinaus.

19 Als sein Herr hörte, wie ihm seine Frau erzählte: So hat es dein Sklave mit mir getrieben!, packte ihn der Zorn. 20 Er ließ Josef ergreifen und in den Kerker bringen, wo die Gefangenen des Königs in Haft gehalten wurden. Dort blieb er im Gefängnis. 21 Aber der Herr war mit Josef. Er wandte ihm das Wohlwollen und die Gunst des Gefängnisleiters zu.

Josef im Gefängnis

22 Der Gefängnisleiter vertraute der Hand Josefs alle Gefangenen im Kerker an. Alles, was dort zu besorgen war, musste er tun. 23 Der Gefängnisleiter brauchte sich um nichts zu sorgen, was Josef in seine Hand nahm, denn der Herr war mit ihm. Was er auch unternahm, der Herr ließ es ihm gelingen.

40 1 Einige Zeit später vergingen sich der königliche Mundschenk und der Hofbäcker gegen ihren Herrn, den König von Ägypten. 2 Der Pharao war aufgebracht über seine beiden Hofbeamten, den Obermundschenk und den Oberbäcker. 3 Er gab sie in Haft in das Haus des Obersten der Leibwache, in den Kerker, wo Josef gefangen gehalten wurde. 4 Der Oberste der Leibwache betraute Josef mit ihrer Bedienung. Als sie einige Zeit in Haft waren, 5 hatte jeder von ihnen einen Traum. Der Mundschenk und der Bäcker des Königs von Ägypten, die im Kerker gefangen gehalten wurden, hatten in derselben Nacht einen Traum, der für jeden von ihnen eine besondere Bedeutung haben sollte. 6 Am Morgen kam Josef zu ihnen und sah ihnen an, dass sie missmutig waren. 7 Da fragte er die Hofbeamten des Pharao, die mit ihm im Hause seines Herrn in Gewahrsam gehalten wurden: Warum seht ihr heute so böse drein? 8 Sie antworteten ihm: Wir hatten einen Traum, aber es ist keiner da, der ihn auslegen kann. Josef sagte zu ihnen: Ist nicht das Träumedeuten Sache Gottes? Erzählt mir doch!

9 Darauf erzählte der Obermundschenk Josef seinen Traum. Er sagte zu ihm: Im Traum sah ich vor mir einen Weinstock. 10 Am Weinstock waren drei Ranken und es war mir, als triebe er Knospen. Seine Blüten wuchsen und schon reiften die Beeren an seinen Trauben. 11 Ich hatte den Becher des Pharao in meiner

Hand. Ich nahm die Beeren, drückte sie in den Becher des Pharao aus und gab dem Pharao den Becher in die Hand. 12 Da sprach Josef zu ihm: Das ist die Deutung: Die drei Ranken sind drei Tage. 13 Noch drei Tage, dann wird der Pharao dich vorladen und dich wieder in dein Amt einsetzen. Du wirst dem Pharao den Becher reichen, wie es früher deine Aufgabe war, als du noch sein Mundschenk warst. 14 Doch denk an mich, wenn es dir gut geht. Tu mir dann einen Gefallen: Erzähl dem Pharao von mir und hol mich aus diesem Haus heraus! 15 Denn entführt hat man mich aus dem Land der Hebräer und auch hier habe ich nichts getan, dass man mich hätte ins Gefängnis werfen müssen.

16 Als der Oberbäcker merkte, dass Josef eine günstige Deutung gegeben hatte, sagte er zu ihm: Auch ich hatte einen Traum. Ich hatte drei Körbe Feingebäck auf meinem Kopf. 17 Im obersten Korb war allerlei Backwerk für die Tafel des Pharao. Aber die Vögel fraßen es aus dem Korb auf meinem Kopf. 18 Josef antwortete: Das ist die Deutung: Die drei Körbe sind drei Tage. 19 Noch drei Tage, dann wird der Pharao dich vorladen und dich an einem Baum aufhängen; die Vögel werden von dir das Fleisch abfressen.

20 Drei Tage darauf hatte der Pharao Geburtstag. Er veranstaltete für alle seine Hofleute ein Gastmahl. Da lud er vor versammeltem Hof den Obermundschenk und den Oberbäcker vor. 21 Den Obermundschenk setzte er wieder in sein Amt ein; er durfte dem Pharao

den Becher reichen. 22 Den Oberbäcker ließ er aufhängen. Alles geschah, wie es Josef ihnen gedeutet hatte. 23 Der Obermundschenk aber dachte nicht mehr an Josef und vergaß ihn.

Der Traum des Pharao und seine Deutung

41 1 Zwei Jahre später hatte der Pharao einen Traum: Er stand am Nil. 2 Aus dem Nil stiegen sieben gut aussehende, wohlgenährte Kühe und weideten im Riedgras. 3 Nach ihnen stiegen sieben andere Kühe aus dem Nil; sie sahen hässlich aus und waren mager. Sie stellten sich neben die schon am Nilufer stehenden Kühe 4 und die hässlichen, mageren Kühe fraßen die sieben gut aussehenden und wohlgenährten Kühe auf. Dann erwachte der Pharao. 5 Er schlief aber wieder ein und träumte ein zweites Mal: An einem einzigen Halm wuchsen sieben Ähren, prall und schön. 6 Nach ihnen wuchsen sieben kümmerliche, vom Ostwind ausgedörrte Ähren. 7 Die kümmerlichen Ähren verschlangen die sieben prallen, vollen Ähren. Der Pharao wachte auf: Es war ein Traum.

8 Am Morgen fühlte er sich beunruhigt; er schickte hin und ließ alle Wahrsager und Weisen Ägyptens rufen. Der Pharao erzählte ihnen seine Träume, doch keiner war da, der sie ihm hätte deuten können. 9 Da sagte der Obermundschenk zum Pharao: Heute muss ich an meine Verfehlung erinnern: 10 Als der Pharao über sei-

ne Diener aufgebracht war, gab er mich ins Haus des Obersten der Leibwache in Haft, mich und den Oberbäcker. 11 Da hatten wir, ich und er, in derselben Nacht einen Traum, der für jeden eine besondere Bedeutung haben sollte. 12 Dort war mit uns zusammen ein junger Hebräer, ein Sklave des Obersten der Leibwache. Wir erzählten ihm unsere Träume und er legte sie uns aus. Jedem gab er die zutreffende Deutung. 13 Wie er es uns gedeutet hatte, so geschah es: Mich setzte man wieder in mein Amt ein, den andern hängte man auf.

14 Da schickte der Pharao hin und ließ Josef rufen. Man holte ihn schnell aus dem Gefängnis, schor ihm die Haare, er zog andere Kleider an und kam zum Pharao. 15 Der Pharao sagte zu Josef: Ich hatte einen Traum, doch keiner kann ihn deuten. Von dir habe ich aber gehört, du brauchst einen Traum nur zu hören, dann kannst du ihn deuten. 16 Josef antwortete dem Pharao: Nicht ich, sondern Gott wird zum Wohl des Pharao eine Antwort geben.

17 Da sagte der Pharao zu Josef: In meinem Traum stand ich am Nilufer. 18 Aus dem Nil stiegen sieben wohlgenährte, stattliche Kühe und weideten im Riedgras. 19 Nach ihnen stiegen sieben andere Kühe herauf, elend, sehr hässlich und mager. Nie habe ich in ganz Ägypten so hässliche Kühe gesehen. 20 Die mageren und hässlichen Kühe fraßen die sieben ersten, fetten auf. 21 Sie verschwanden in ihrem Bauch, aber man merkte nicht, dass sie darin waren; sie sahen genauso

elend aus wie vorher. Dann wachte ich auf. 22 Weiter sah ich in meinem Traum: Auf einem einzigen Halm gingen sieben volle, schöne Ähren auf. 23 Nach ihnen wuchsen sieben taube, kümmerliche, vom Ostwind ausgedörrte Ähren. 24 Die kümmerlichen Ähren verschlangen die sieben schönen Ähren. Ich habe das den Wahrsagern erzählt, aber keiner konnte mir die Deutung sagen.

25 Darauf sagte Josef zum Pharao: Der Traum des Pharao ist ein und derselbe. Gott sagt dem Pharao an, was er vorhat: 26 Die sieben schönen Kühe sind sieben Jahre und die sieben schönen Ähren sind sieben Jahre. Es ist ein und derselbe Traum. 27 Die sieben mageren und hässlichen Kühe, die nachher heraufkamen, sind sieben Jahre und die sieben leeren, vom Ostwind ausgedörrten Ähren sind sieben Jahre Hungersnot. 28 Das ist es, was ich meinte, als ich zum Pharao sagte: Gott ließ den Pharao sehen, was er vorhat: 29 Sieben Jahre kommen, da wird großer Überfluss in ganz Ägypten sein. 30 Nach ihnen aber werden sieben Jahre Hungersnot heraufziehen: Da wird der ganze Überfluss in Ägypten vergessen sein und Hunger wird das Land auszehren. 31 Dann wird man nichts mehr vom Überfluss im Land merken wegen des Hungers, der danach kommt; denn er wird sehr drückend sein. 32 Dass aber der Pharao gleich zweimal träumte, bedeutet: Die Sache steht bei Gott fest und Gott wird sie bald ausführen. 33 Nun sehe sich der Pharao nach einem klugen, wei-

sen Mann um und setze ihn über Ägypten. ₃₄ Der Pharao möge handeln: Er bestelle Bevollmächtigte über das Land und besteuere Ägypten mit einem Fünftel in den sieben Jahren des Überflusses. ₃₅ Die Bevollmächtigten sollen alles Brotgetreide der kommenden guten Jahre sammeln und auf Weisung des Pharao Korn aufspeichern; das Brotgetreide sollen sie in den Städten sicherstellen. ₃₆ Das Brotgetreide soll dem Land als Rücklage dienen für die sieben Jahre der Hungersnot, die über Ägypten kommen werden. Dann wird das Land nicht an Hunger zugrunde gehen.

Josefs Macht über Ägypten

₃₇ Die Rede gefiel dem Pharao und allen seinen Hofleuten. ₃₈ Der Pharao sagte zu ihnen: Finden wir einen Mann wie diesen hier, einen, in dem der Geist Gottes wohnt? ₃₉ Dann sagte der Pharao zu Josef: Nachdem dich Gott all das hat wissen lassen, gibt es niemand, der so klug und weise wäre wie du. ₄₀ Du sollst über meinem Hause stehen und deinem Wort soll sich mein ganzes Volk beugen. Nur um den Thron will ich höher sein als du. ₄₁ Der Pharao sagte weiter zu Josef: Hiermit stelle ich dich über ganz Ägypten. ₄₂ Der Pharao nahm den Siegelring von seiner Hand und steckte ihn Josef an die Hand. Er bekleidete ihn mit Byssusgewändern und legte ihm die goldene Kette um den Hals. ₄₃ Dann ließ er ihn seinen zweiten Wagen besteigen. Man rief vor ihm aus: Achtung! So stellte er ihn über ganz Ägypten. 44 Der Pharao sagte zu Josef: Ich bin der Pharao, aber ohne dich soll niemand seine Hand oder seinen Fuß regen in ganz Ägypten. 45 Der Pharao verlieh Josef den Namen Zafenat-Paneach und gab ihm Asenat, die Tochter Potiferas, des Priesters von On, zur Frau. So wurde Josef Herr über Ägypten.

46 Josef war dreißig Jahre alt, als er vor dem Pharao, dem König von Ägypten, stand. Josef ging vom Pharao weg und durchzog ganz Ägypten. 47 Das Land brachte in den sieben Jahren des Überflusses überreichen Ertrag. 48 Josef ließ während der sieben Jahre, in denen es Überfluss gab, alles Brotgetreide in Ägypten sammeln und in die Städte schaffen. Das Getreide der Felder rings um jede Stadt ließ er dort hineinbringen. 49 So speicherte Josef Getreide in sehr großer Menge auf, wie Sand am Meer, bis man aufhören musste, es zu messen, weil man es nicht mehr messen konnte.

50 Ein Jahr, bevor die Hungersnot kam, wurden Josef zwei Söhne geboren. Asenat, die Tochter Potiferas, des Priesters von On, gebar sie ihm. 51 Josef nannte den Erstgeborenen Manasse (Vergessling), denn er sagte: Gott hat mich all meine Sorge und mein ganzes Vaterhaus vergessen lassen. 52 Den zweiten Sohn nannte er Efraim (Fruchtbringer), denn er sagte: Gott hat mich fruchtbar werden lassen im Lande meines Elends.

53 Die sieben Jahre des Überflusses in Ägypten gingen zu Ende 54 und es begannen die sieben Jahre der

Hungersnot, wie es Josef vorausgesagt hatte. Eine Hungersnot brach über alle Länder herein, in ganz Ägypten aber gab es Brot. 55 Da ganz Ägypten Hunger hatte, schrie das Volk zum Pharao nach Brot. Der Pharao aber sagte zu den Ägyptern: Geht zu Josef! Tut, was er euch sagt. 56 Als die Hungersnot über das ganze Land gekommen war, öffnete Josef alle Speicher und verkaufte Getreide an die Ägypter. Aber der Hunger wurde immer drückender in Ägypten. 57 Auch alle Welt kam nach Ägypten, um bei Josef Getreide zu kaufen; denn der Hunger wurde immer drückender auf der ganzen Erde.

Die erste Reise
der Brüder Josefs nach Ägypten

42 1 Als Jakob erfuhr, dass es in Ägypten Getreide zu kaufen gab, sagte er zu seinen Söhnen: Warum schaut ihr einander so an? 2 Und er sagte: Ich habe gehört, dass es in Ägypten Getreide zu kaufen gibt. Zieht hin und kauft dort für uns Getreide, damit wir am Leben bleiben und nicht sterben müssen. 3 Zehn Brüder Josefs zogen also hinunter, um in Ägypten Getreide zu kaufen. 4 Benjamin, den Bruder Josefs, ließ Jakob nicht mit seinen Brüdern ziehen, denn er dachte, es könnte ihm ein Unglück zustoßen. 5 Die Söhne Israels kamen also mitten unter anderen, die auch gekommen waren, um Getreide zu kaufen; denn Hungersnot herrschte in Kanaan. 6 Josef verwaltete das Land. Er war es, der allen

Leuten im Lande Getreide verkaufte. So kamen Josefs Brüder und warfen sich vor ihm mit dem Gesicht zur Erde nieder. 7 Als Josef seine Brüder sah, erkannte er sie. Aber er gab sich ihnen nicht zu erkennen, sondern fuhr sie barsch an. Er fragte sie: Wo kommt ihr her? Aus Kanaan, um Brotgetreide zu kaufen, sagten sie. 8 Josef hatte seine Brüder erkannt, sie aber hatten ihn nicht erkannt. 9 Josef erinnerte sich an das, was er von ihnen geträumt hatte, und sagte: Spione seid ihr. Um nachzusehen, wo das Land eine schwache Stelle hat, seid ihr gekommen. 10 Sie antworteten ihm: Nein, Herr. Um Brotgetreide zu kaufen, sind deine Knechte gekommen. 11 Wir alle sind Söhne ein und desselben Vaters. Ehrliche Leute sind wir, deine Knechte sind keine Spione. 12 Er aber entgegenete ihnen: Nichts da, ihr seid nur gekommen, um nachzusehen, wo das Land eine schwache Stelle hat. 13 Da sagten sie: Wir, deine Knechte, waren zwölf Brüder, Söhne ein und desselben Mannes in Kanaan. Der Jüngste ist bei unserem Vater geblieben und einer ist nicht mehr. 14 Josef aber sagte zu ihnen: Es bleibt dabei, wie ich euch gesagt habe: Spione seid ihr. 15 So wird man euch auf die Probe stellen: Beim Leben des Pharao! Ihr sollt von hier nicht eher loskommen, bis auch euer jüngster Bruder da ist. 16 Schickt einen von euch hin! Er soll euren Bruder holen; ihr anderen aber werdet in Haft genommen. So wird man euer Gerede überprüfen und feststellen können, ob ihr die Wahrheit gesagt habt oder nicht. Beim

Leben des Pharao, ja, Spione seid ihr. 17 Dann ließ er sie für drei Tage in Haft nehmen.

18 Am dritten Tag sagte Josef zu ihnen: Tut Folgendes und ihr werdet am Leben bleiben, denn ich fürchte Gott: 19 Wenn ihr ehrliche Leute seid, soll einer von euch Brüdern in dem Gefängnis zurückgehalten werden, in dem ihr in Haft gewesen seid. Ihr anderen aber geht und bringt das gekaufte Getreide heim, um den Hunger eurer Familien zu stillen. 20 Euren jüngsten Bruder aber schafft mir herbei, damit sich eure Worte als wahr erweisen und ihr nicht sterben müsst. So machten sie es.

21 Sie sagten zueinander: Ach ja, wir sind an unserem Bruder schuldig geworden. Wir haben zugesehen, wie er sich um sein Leben ängstigte. Als er uns um Erbarmen anflehte, haben wir nicht auf ihn gehört. Darum ist nun diese Bedrängnis über uns gekommen. 22 Ruben entgegnete ihnen: Habe ich euch nicht gesagt: Versündigt euch nicht an dem Kind! Ihr aber habt nicht gehört. Nun wird für sein Blut von uns Rechenschaft gefordert. 23 Sie aber ahnten nicht, dass Josef zuhörte, denn er bediente sich im Gespräch mit ihnen eines Dolmetschers. 24 Er wandte sich von ihnen ab und weinte. Als er sich ihnen wieder zuwandte und abermals mit ihnen redete, ließ er aus ihrer Mitte Simeon festnehmen und vor ihren Augen fesseln. 25 Josef befahl dann, ihre Behälter mit Getreide zu füllen, einem jeden von ihnen das Geld wieder in den Sack zurück-

zulegen und ihnen für die Reise Verpflegung mitzugeben. So geschah es. 26 Sie luden das Getreide auf ihre Esel und zogen fort. 27 Als einer seinen Sack öffnete, um in der Herberge seinen Esel zu füttern, sah er sein Geld. Es lag in seinem Getreidesack ganz oben. 28 Er sagte zu seinen Brüdern: Man hat mir mein Geld zurückgegeben. Seht, hier ist es in meinem Getreidesack. Da verließ sie der Mut und sie sagten zitternd zueinander: Was hat uns Gott da angetan?

29 Sie kamen zu ihrem Vater Jakob nach Kanaan und berichteten ihm alles, was ihnen zugestoßen war: 30 Jener Mann, der Herr des Landes, hat uns barsch angefahren und uns für Leute gehalten, die das Land ausspionieren. 31 Wir sagten ihm: Ehrliche Leute sind wir und keine Spione. 32 Wir waren zwölf Brüder, Söhne ein und desselben Vaters. Einer ist nicht mehr und der Jüngste ist bei unserem Vater in Kanaan geblieben. 33 Jener Mann aber, der Herr des Landes, sagte zu uns: Daran will ich erkennen, ob ihr ehrliche Leute seid: Lasst einen von euch Brüdern bei mir zurück, nehmt das Getreide, das den Hunger eurer Familien stillen soll, geht 34 und schafft mir euren jüngsten Bruder herbei! So werde ich erfahren, dass ihr keine Spione, sondern ehrliche Leute seid. Ich gebe euch dann euren Bruder heraus und ihr dürft euch frei im Land bewegen. 35 Während sie nun ihre Säcke leerten, stellten sie fest: Jeder hatte seinen Geldbeutel im Sack. Als sie und ihr Vater ihre Geldbeutel sahen, bekamen

sie Angst. 36 Ihr Vater Jakob sagte zu ihnen: Ihr bringt mich um meine Kinder. Josef ist nicht mehr, Simeon ist nicht mehr und Benjamin wollt ihr mir auch noch nehmen. Nichts bleibt mir erspart. 37 Da sagte Ruben zu seinem Vater: Meine beiden Söhne magst du umbringen, wenn ich ihn dir nicht zurückbringe. Vertrau ihn meiner Hand an; ich bringe ihn dir wieder zurück. 38 Nein, sagte er, mein Sohn wird nicht mit euch hinunterziehen. Denn sein Bruder ist schon tot, nur er allein ist noch da. Stößt ihm auf dem Weg, den ihr geht, ein Unglück zu, dann bringt ihr mein graues Haar vor Kummer in die Unterwelt.

Die zweite Reise
der Brüder Josefs nach Ägypten

43 1 Der Hunger lastete schwer auf dem Land. 2 Das Getreide, das sie aus Ägypten gebracht hatten, war aufgezehrt. Da sagte ihr Vater zu ihnen: Geht noch einmal hin, kauft uns etwas Brotgetreide! 3 Juda antwortete ihm: Der Mann hat uns nachdrücklich eingeschärft: Kommt mir ja nicht mehr unter die Augen, wenn ihr nicht euren Bruder mitbringt. 4 Wenn du bereit bist, unseren Bruder mitzuschicken, ziehen wir hinunter und kaufen dir Brotgetreide. 5 Willst du ihn aber nicht mitschicken, gehen wir nicht. Denn der Mann hat uns gesagt: Kommt mir ja nicht mehr unter die Augen, wenn ihr nicht euren Bruder mitbringt. 6 Da sagte Israel: Warum habt ihr mir so etwas Schlimmes angetan, jenem Mann zu sagen, dass ihr noch einen Bruder habt? 7 Der Mann, entgegneten sie, hat sich bei uns eingehend nach unserer Verwandtschaft erkundigt und gefragt: Lebt euer Vater noch, habt ihr noch einen Bruder? Wir haben ihm Auskunft gegeben, wie es wirklich ist. Konnten wir denn wissen, dass er sagen würde: Bringt euren Bruder her! 8 Juda schlug seinem Vater Israel vor: Lass den Knaben mit mir ziehen! Dann können wir aufbrechen und uns auf die Reise machen. So werden wir am Leben bleiben und nicht sterben, wir und du und unsere Kinder. 9 Ich verbürge mich für ihn; aus meiner Hand magst du ihn zurückfordern. Wenn ich ihn dir nicht zurückbringe und vor dich hinstelle, will ich alle Tage bei dir in Schuld stehen. 10 Hätten wir nicht so lange gezögert, könnten wir schon zum zweiten Mal zurück sein.

11 Da sagte ihr Vater Israel zu ihnen: Wenn es schon sein muss, dann macht es so: Nehmt von den besten Erzeugnissen des Landes in eurem Gepäck mit und überbringt es dem Mann als Geschenk: etwas Mastix, etwas Honig, Tragakant und Ladanum, Pistazien und Mandeln. 12 Nehmt den doppelten Geldbetrag mit! Das Geld, das sich wieder oben in euren Getreidesäcken fand, gebt mit eigenen Händen zurück! Vielleicht war es ein Versehen. 13 So nehmt denn euren Bruder mit, brecht auf und geht wieder zu dem Mann zurück! 14 Gott, der Allmächtige, lasse euch Erbarmen bei dem Mann fin-

den, sodass er euch den anderen Bruder und Benjamin freigibt. Ich aber, ich verliere noch alle Kinder.

15 Die Männer nahmen das Geschenk und den doppelten Geldbetrag mit und dazu auch Benjamin. Sie machten sich auf, zogen nach Ägypten hinab und traten vor Josef hin. 16 Als Josef bei ihnen Benjamin sah, sagte er zu seinem Hausverwalter: Führe die Männer ins Haus, schlachte ein Tier und richte es her! Die Männer werden nämlich mit mir zu Mittag essen. 17 Der Mann tat, wie Josef angeordnet hatte: Er führte die Männer in das Haus Josefs. 18 Die Männer fürchteten sich, weil man sie in Josefs Haus führte, und dachten: Wegen des Geldes, das sich beim ersten Mal wieder in unseren Getreidesäcken fand, werden wir da hineingeführt. Man wird sich auf uns werfen, man wird uns überfallen und uns als Sklaven zurückhalten samt unseren Eseln. 19 Sie traten näher an den Hausverwalter Josefs heran und begannen mit ihm an der Haustür ein Gespräch. 20 Sie sagten: Bitte, Herr, schon früher sind wir einmal hierher gekommen, um Brotgetreide zu kaufen. 21 Als wir aber in die Herberge kamen und unsere Getreidesäcke öffneten, lag das Geld eines jeden von uns oben im Sack, unser Geld im vollen Betrag. Wir bringen es mit eigenen Händen wieder zurück. 22 Darüber hinaus haben wir noch mehr Geld mitgebracht, um Brotgetreide einzukaufen. Wir wissen nicht, wer das Geld in unsere Säcke gelegt hat. 23 Ihr könnt beruhigt sein, antwortete er, fürchtet euch nicht! Euer

Gott, der Gott eures Vaters, hat euch heimlich ein Geschenk in eure Säcke gelegt. Bei mir ist euer Geld eingegangen. Dann brachte er Simeon zu ihnen heraus. 24 Als er die Männer ins Haus Josefs geführt hatte, gab er ihnen Wasser zum Füßewaschen und ließ ihre Esel füttern. 25 Sie legten, bis Josef zu Mittag kam, das Geschenk zurecht; denn sie hatten gehört, dass sie dort essen sollten.

26 Als Josef ins Haus kam, überreichten sie ihm das Geschenk, das sie mit hineingenommen hatten, und warfen sich vor ihm auf die Erde nieder. 27 Er erkundigte sich, wie es ihnen gehe, und fragte: Geht es eurem alten Vater gut, von dem ihr erzählt habt? Ist er noch am Leben? 28 Sie erwiderten: Deinem Knecht, unserem Vater, geht es gut; er lebt noch. Dann verneigten sie sich und und warfen sich nieder. 29 Als er hinsah und seinen Bruder Benjamin, den Sohn seiner Mutter, erblickte, fragte er: Ist das euer jüngster Bruder, von dem ihr mir erzählt habt? Und weiter sagte er: Gottes Gnade sei mit dir, mein Sohn. 30 Dann ging Josef schnell weg, denn er konnte sich vor Rührung über seinen Bruder nicht mehr halten; er war dem Weinen nahe. Er zog sich in die Kammer zurück, um sich dort auszuweinen. 31 Dann wusch er sein Gesicht, kam zurück, nahm sich zusammen und ordnete an: Tragt das Essen auf! 32 Man trug das Essen auf, getrennt für ihn, für sie und für die mit ihm speisenden Ägypter. Die Ägypter können nämlich nicht gemeinsam mit den Hebräern essen, weil

das bei den Ägyptern als unschicklich gilt. 33 Die Brüder kamen vor ihm so zu sitzen, dass der Erstgeborene den ersten und der Jüngste den letzten Platz einnahm. Da blickten die Männer einander verwundert an. 34 Er ließ ihnen Gerichte vorsetzen, die vor ihm standen, was man aber Benjamin vorsetzte, übertraf das aller anderen um das Fünffache. Sie tranken mit ihm und waren guter Dinge.

44 1 Dann befahl Josef seinem Hausverwalter: Fülle die Getreidesäcke der Männer mit so viel Brotgetreide, wie sie tragen können, und leg das Geld eines jeden oben in den Sack! 2 Meinen Becher, den Silberbecher, leg oben in den Sack des Jüngsten mit dem Geld, für das er Getreide gekauft hat. Er tat, wie Josef es angeordnet hatte. 3 Als es am Morgen hell wurde, ließ man die Männer mit ihren Eseln abreisen. 4 Sie hatten sich noch nicht weit von der Stadt entfernt, da sagte Josef zu seinem Hausverwalter: Auf, jag hinter den Männern her! Wenn du sie eingeholt hast, sag ihnen: Warum habt ihr Gutes mit Bösem vergolten und mir den Silberbecher gestohlen? 5 Das ist doch der, aus dem mein Herr trinkt und aus dem er wahrsagt. Da habt ihr etwas Schlimmes getan. 6 Der Hausverwalter holte sie ein und sagte zu ihnen, was ihm aufgetragen war. 7 Sie antworteten ihm: Wie kann mein Herr so etwas sagen? Niemals werden deine Knechte so etwas tun. 8 Sieh her, das Geld, das wir oben in unseren Getreidesäcken fanden, haben wir dir aus Kanaan zurückgebracht. Wie könnten wir da aus dem Haus deines Herrn Silber oder Gold stehlen? 9 Der von den Knechten, bei dem sich der Becher findet, soll sterben und auch wir sollen dann unserem Herrn als Sklaven gehören. 10 Also gut, sagte er, es soll geschehen, wie ihr sagt: Bei wem er sich findet, der sei mein Sklave, doch ihr anderen sollt straffrei bleiben. 11 Jeder stellte eiligst seinen Sack auf die Erde und öffnete ihn: 12 Er durchsuchte alles, beim Ältesten begann er und beim Jüngsten hörte er auf. Der Becher fand sich im Sack Benjamins.

13 Da zerrissen sie ihre Kleider. Jeder belud seinen Esel und sie kehrten in die Stadt zurück. 14 So kamen Juda und seine Brüder wieder in das Haus Josefs, der noch dort war. Sie fielen vor ihm zur Erde nieder. 15 Josef sagte zu ihnen: Was habt ihr getan? Wusstet ihr denn nicht, dass ein Mann wie ich wahrsagen kann? 16 Juda erwiderte: Was sollen wir unserem Herrn sagen, was sollen wir vorbringen, womit uns rechtfertigen? Gott hat die Schuld deiner Knechte ans Licht gebracht. So sind wir also Sklaven unseres Herrn, wir und der, bei dem sich der Becher gefunden hat. 17 Doch Josef gab zur Antwort: Das kann ich auf keinen Fall tun. Derjenige, bei dem sich der Becher gefunden hat, der soll mein Sklave sein. Ihr anderen aber zieht in Frieden hinauf zu eurem Vater!

18 Da trat Juda an ihn heran und sagte: Bitte, mein Herr, dein Knecht darf vielleicht meinem Herrn offen

etwas sagen, ohne dass sein Zorn über deinen Knecht entbrennt; denn du bist wie der Pharao. 19 Mein Herr hat seine Knechte gefragt: Habt ihr einen Vater oder Bruder? 20 Wir erwiderten meinem Herrn: Wir haben einen alten Vater und einen kleinen Bruder, der ihm noch in hohem Alter geboren wurde. Dessen Bruder ist gestorben; er ist allein von seiner Mutter noch da und sein Vater liebt ihn besonders. 21 Du aber hast von deinen Knechten verlangt: Bringt ihn her zu mir, ich will ihn mit eigenen Augen sehen. 22 Da sagten wir zu unserem Herrn: Der Knabe kann seinen Vater nicht verlassen. Verließe er ihn, so würde der Vater sterben. 23 Du aber sagtest zu deinen Knechten: Wenn euer jüngster Bruder nicht mit euch kommt, dürft ihr mir nicht mehr unter die Augen treten. 24 Als wir zu deinem Knecht, meinem Vater, hinaufgekommen waren, erzählten wir ihm, was mein Herr gesagt hatte. 25 Als dann unser Vater sagte: Kauft uns noch einmal etwas Brotgetreide!, 26 entgegneten wir: Wir können nicht hinunterziehen; nur wenn unser jüngster Bruder dabei ist, ziehen wir hinunter. Wir können nämlich dem Mann nicht mehr unter die Augen treten, wenn nicht unser jüngster Bruder dabei ist. 27 Darauf antwortete uns dein Knecht, mein Vater: Ihr wisst, dass mir meine Frau zwei Söhne geboren hat. 28 Einer ist von mir gegangen und ich sagte: Er ist gewiss zerrissen worden. Ich habe ihn bis heute nicht mehr gesehen. 29 Nun nehmt ihr mir auch den noch weg. Stößt ihm ein

Unglück zu, dann bringt ihr mein graues Haar vor Leid in die Unterwelt. 30 Wenn ich jetzt zu deinem Knecht, meinem Vater, käme und der Knabe wäre nicht bei uns, da doch sein Herz so an ihm hängt, 31 wenn er also sähe, dass der Knabe nicht dabei ist, würde er sterben. Dann brächten deine Sklaven deinen Knecht, unseren greisen Vater, vor Gram in die Unterwelt. 32 Dein Knecht hat sich für den Knaben beim Vater mit den Worten verbürgt: Wenn ich ihn nicht zu dir zurückbringe, will ich alle Tage bei meinem Vater in Schuld stehen. 33 Darum soll jetzt dein Knecht an Stelle des Knaben dableiben als Sklave für meinen Herrn; der Knabe aber soll mit seinen Brüdern ziehen dürfen. 34 Denn wie könnte ich zu meinem Vater hinaufziehen, ohne dass der Knabe bei mir wäre? Ich könnte das Unglück nicht mit ansehen, das dann meinen Vater träfe.

45 1 Josef vermochte sich vor all den Leuten, die um ihn standen, nicht mehr zu halten und rief: Schafft mir alle Leute hinaus! So stand niemand bei Josef, als er sich seinen Brüdern zu erkennen gab. 2 Er begann so laut zu weinen, dass es die Ägypter hörten; auch am Hof des Pharao hörte man davon. 3 Josef sagte zu seinen Brüdern: Ich bin Josef. Ist mein Vater noch am Leben? Seine Brüder waren zu keiner Antwort fähig, weil sie fassungslos vor ihm standen. 4 Josef sagte zu seinen Brüdern: Kommt doch näher zu mir her! Als sie näher herangetreten waren, sagte er: Ich bin Josef, euer Bruder, den ihr nach Ägypten verkauft habt. 5 Jetzt aber lasst es euch nicht mehr leid sein und grämt euch nicht, weil ihr mich hierher verkauft habt. Denn um Leben zu erhalten, hat mich Gott vor euch hergeschickt. 6 Ja, zwei Jahre sind es jetzt schon, dass der Hunger im Land wütet. Und noch fünf Jahre stehen bevor, in denen man weder pflügen noch ernten wird. 7 Gott aber hat mich vor euch hergeschickt, um von euch im Land einen Rest zu erhalten und viele von euch eine große Rettungstat erleben zu lassen. 8 Also nicht ihr habt mich hierher geschickt, sondern Gott. Er hat mich zum Vater für den Pharao gemacht, zum Herrn für sein ganzes Haus und zum Gebieter über ganz Ägypten. 9 Zieht eiligst zu meinem Vater hinauf und meldet ihm: So hat dein Sohn Josef gesagt: Gott hat mich zum Herrn für ganz Ägypten gemacht. Komm herunter zu mir, lass dich nicht aufhalten! 10 Du kannst dich im Gebiet von Goschen niederlassen und wirst in meiner Nähe sein, du mit deinen Söhnen und deinen Kindeskindern, mit deinen Schafen und Ziegen, mit deinen Rindern und mit allem, was dir gehört. 11 Dort werde ich für dich sorgen; denn noch fünf Jahre dauert die Hungersnot. Du mit deinem Haus und allem, was dir gehört, du brauchst dann nicht zu darben. 12 Ihr und mein Bruder Benjamin, ihr seht es ja mit eigenen Augen, dass ich wirklich mit euch rede. 13 Erzählt meinem Vater von meinem hohen Rang in Ägypten und von allem, was ihr gesehen habt. Beeilt euch und bringt meinen Vater her! 14 Er fiel seinem Bruder Benjamin um den Hals und weinte; auch Benjamin weinte an seinem Hals. 15 Josef küsste dann weinend alle seine Brüder. Darauf unterhielten sich seine Brüder mit ihm.

16 Am Hof des Pharao verbreitete sich die Nachricht: Die Brüder Josefs sind gekommen. Dem Pharao und seinen Dienern war das recht. 17 Der Pharao sagte zu Josef: Sag zu deinen Brüdern: So sollt ihr es machen: Beladet eure Tragtiere und reist nach Kanaan zurück! 18 Holt euren Vater und eure Familien und kommt zu mir! Ich will euch das Beste geben, was Ägypten bietet; von den besten Erzeugnissen des Landes dürft ihr essen. 19 Du gib den Auftrag weiter: Tut Folgendes: Nehmt euch aus Ägypten Wagen mit für eure Kinder und Frauen, lasst euren Vater aufsteigen und kommt! 20 Es soll euch nicht leid sein um euren Hausrat. Denn das Beste, was ganz Ägypten bietet, soll euch gehören.

21 Die Söhne Israels machten es so. Josef stellte nach der Weisung des Pharao Wagen zur Verfügung und gab ihnen Verpflegung mit auf die Reise. 22 Allen schenkte er Festgewänder, Benjamin aber schenkte er dreihundert Silberstücke und fünf Festgewänder. 23 Seinem Vater schickte er ungefähr zehn Esel mit, beladen mit dem Besten, was Ägypten bietet, und zehn Eselinnen, beladen mit Getreide und Brot, sowie Reiseverpflegung für seinen Vater. 24 Dann entließ er seine Brüder. Als sie sich auf den Weg machten, sagte er noch zu ihnen: Streitet nicht unterwegs!

₂₅ Sie zogen also von Ägypten hinauf und kamen nach Kanaan zu ihrem Vater Jakob. ₂₆ Sie berichteten ihm: Josef ist noch am Leben. Er ist sogar Herr über ganz Ägypten. Jakobs Herz aber blieb unbewegt; denn er glaubte ihnen nicht. ₂₇ Als sie ihm aber alles erzählten, was Josef zu ihnen gesagt hatte, und als er die Wagen sah, die Josef geschickt hatte, um ihn zu holen, lebte der Geist Jakobs, ihres Vaters, wieder auf ₂₈ und Israel sagte: Genug! Mein Sohn Josef lebt noch. Ich will hingehen und ihn sehen, bevor ich sterbe.

Jakobs Familie in Ägypten

46 ₁ Israel brach auf mit allem, was ihm gehörte. Er kam nach Beerscheba und brachte dem Gott seines Vaters Isaak Schlachtopfer dar. ₂ Da sprach Gott in einer nächtlichen Vision zu Israel: Jakob! Jakob! Hier bin ich!, antwortete er. ₃ Gott sprach: Ich bin Gott, der Gott deines Vaters. Fürchte dich nicht, nach Ägypten hinabzuziehen; denn zu einem großen Volk mache ich dich dort. ₄ Ich selbst ziehe mit dir hinunter nach Ägypten und ich führe dich auch selbst wieder herauf. Josef wird dir die Augen zudrücken.

₅ Jakob brach von Beerscheba auf. Die Söhne Israels hoben ihren Vater Jakob, ihre Kinder und ihre Frauen auf die Wagen, die der Pharao geschickt hatte, um ihn zu holen. ₆ Sie nahmen ihr Vieh und ihre Habe, die sie in Kanaan erworben hatten, und gelangten nach

Ägypten, Jakob und mit ihm alle seine Nachkommen. 7 Seine Söhne und Enkel, seine Töchter und Enkelinnen, alle seine Nachkommen brachte er mit nach Ägypten.

8 Das sind die Namen der Söhne Israels, die nach Ägypten kamen, Jakob und seine Söhne: der Erstgeborene Jakobs, Ruben; 9 die Söhne Rubens: Henoch, Pallu, Hezron und Karmi; 10 die Söhne Simeons: Jemuël, Jamin, Ohad, Jachin, Zohar und Schaul, der Sohn der Kanaaniterin; 11 die Söhne Levis: Gerschon, Kehat und Merari; 12 die Söhne Judas: Er, Onan, Schela, Perez und Serach; Er und Onan waren aber in Kanaan gestorben; die Söhne des Perez waren Hezron und Hamul; 13 die Söhne Issachars: Tola, Puwa, Jaschub und Schimron; 14 die Söhne Sebulons: Sered, Elon und Jachleel. 15 Das waren die Söhne Leas, die sie Jakob in Paddan-Aram geboren hatte, dazu seine Tochter Dina, an Söhnen und Töchtern insgesamt dreiunddreißig Personen.

16 Die Söhne Gads: Zifjon, Haggi, Schuni, Ezbon, Eri, Arod und Areli; 17 die Söhne Aschers: Jimna, Jischwa, Jischwi und Beria, dazu ihre Schwester Serach; die Söhne Berias: Heber und Malkiël. 18 Das waren die Söhne Silpas, die Laban seiner Tochter Lea mitgegeben hatte; sie alle hatte sie Jakob geboren, sechzehn Personen.

19 Die Söhne Rahels, der Frau Jakobs: Josef und Benjamin. 20 Josef hatte in Ägypten Kinder erhalten,

die ihm Asenat, die Tochter Potiferas, des Priesters von On, geboren hatte: Manasse und Efraim. 21 Die Söhne Benjamins: Bela, Becher, Aschbel, Gera, Naaman, Ehi, Rosch, Muppim, Huppim und Ard. 22 Das waren die Söhne Rahels, die Jakob geboren worden waren, insgesamt vierzehn Personen.

23 Die Söhne Dans: Schuham; 24 die Söhne Naftalis: Jachzeel, Guni, Jezer und Schillem. 25 Das waren die Söhne Bilhas, die Laban seiner Tochter Rahel mitgegeben hatte. Sie alle hatte Bilha Jakob geboren, insgesamt sieben Personen.

26 Die Gesamtzahl der Personen, die mit Jakob nach Ägypten gekommen waren und von ihm abstammten, betrug ohne die Frauen der Söhne Jakobs insgesamt sechsundsechzig Personen. 27 Dazu kommen die Söhne Josefs, die ihm in Ägypten geboren worden waren, zwei Personen. Insgesamt waren vom Haus Jakob siebzig Personen nach Ägypten gekommen.

28 Jakob schickte Juda voraus zu Josef, um ihn zu sich nach Goschen zu bestellen. So kamen sie ins Gebiet von Goschen. 29 Josef ließ seinen Wagen anschirren und zog seinem Vater Israel nach Goschen entgegen. Als er ihn sah, fiel er ihm um den Hals und weinte lange. 30 Israel sagte zu Josef: Jetzt will ich gern sterben, nachdem ich dein Angesicht wieder sehen durfte und weiß, dass du noch am Leben bist. 31 Josef sagte dann zu seinen Brüdern und zum ganzen Haus seines Vaters: Ich will hingehen, will den Pharao benachrichtigen

und ihm sagen: Meine Brüder und alle vom Haus meines Vaters, die in Kanaan lebten, sind zu mir gekommen. 32 Die Männer sind Viehhirten, ja, Viehzüchter sind sie. Ihre Schafe, Ziegen und Rinder und alles, was ihnen gehört, haben sie mitgebracht. 33 Der Pharao wird euch rufen lassen und euch fragen, womit ihr euch beschäftigt. 34 Dann sagt: Deine Knechte sind von Jugend an bis jetzt Viehzüchter gewesen, wir waren es und unsere Väter waren es auch schon. Dann werdet ihr euch in Goschen niederlassen dürfen; denn die Ägypter haben gegen alle Viehhirten eine große Abneigung.

47 1 Josef ging also hin, berichtete dem Pharao und sagte: Mein Vater und meine Brüder sind mit ihren Schafen, Ziegen und Rindern und mit allem, was ihnen gehört, aus Kanaan gekommen. Sie sind bereits in Goschen. 2 Aus dem Kreis seiner Brüder hatte er fünf Männer mitgebracht und stellte sie dem Pharao vor. 3 Der Pharao fragte Josefs Brüder: Womit beschäftigt ihr euch? Sie antworteten dem Pharao: Hirten von Schafen und Ziegen sind deine Knechte; wir sind es und unsere Väter waren es auch schon. 4 Weiter sagten sie zum Pharao: Wir sind gekommen, um uns als Fremde im Land aufzuhalten. Es gibt ja keine Weide für das Vieh deiner Knechte, denn schwer lastet die Hungersnot auf Kanaan. Nun möchten sich deine Knechte in Goschen niederlassen. 5 Darauf sagte der Pharao zu

Josef: Dein Vater und deine Brüder sind also zu dir gekommen. 6 Ägypten steht dir offen. Im besten Teil des Landes lass deinen Vater und deine Brüder wohnen! Sie sollen sich in Goschen niederlassen. Wenn du aber unter ihnen tüchtige Leute kennst, dann setze sie als Aufseher über meine Herden ein!

7 Darauf führte Josef seinen Vater Jakob hinein und stellte ihn dem Pharao vor. Jakob grüßte den Pharao mit einem Segenswunsch. 8 Der Pharao redete Jakob an: Wie viele Lebensjahre zählst du? 9 Jakob gab dem Pharao zur Antwort: Die Zahl der Jahre meiner Pilgerschaft beträgt hundertdreißig. Gering an Zahl und unglücklich waren meine Lebensjahre und sie reichen nicht heran an die Lebensjahre meiner Väter in den Tagen ihrer Pilgerschaft. 10 Jakob verabschiedete sich vom Pharao mit einem Segenswunsch. 11 Josef siedelte seinen Vater und seine Brüder an und wies ihnen den Grundbesitz in Ägypten zu, im besten Teil des Landes, im Gebiet von Ramses, wie der Pharao verfügt hatte. 12 Josef versorgte seinen Vater und seine Brüder und das ganze Haus seines Vaters mit so viel Brot, dass die Kinder genug zu essen hatten.

Josefs Verwaltung in Ägypten

13 Im ganzen Land gab es kein Brot und der Hunger war sehr drückend. Ägypten und Kanaan waren vor Hunger erschöpft. 14 Josef hatte das Geld, das in Ägyp-

ten und in Kanaan im Umlauf war, für das Getreide, das sie kaufen mussten, eingezogen und in den Palast des Pharao gebracht. 15 So war das Geld in Ägypten und Kanaan ausgegangen. Alle Ägypter kamen zu Josef und sagten: Gib uns Brot! Warum sollen wir vor deinen Augen umkommen? Das Geld ist nämlich zu Ende. 16 Liefert euer Vieh ab, sagte Josef, dann gebe ich euch dafür Brot, wenn das Geld zu Ende ist. 17 So brachten sie ihr Vieh zu Josef und Josef verkaufte ihnen Brot um den Preis der Pferde, ihrer Bestände an Schafen und Ziegen, an Rindern und Eseln. Er versorgte die Leute also in jenem Jahr gegen ihren ganzen Viehbestand mit Brot. 18 Das Jahr ging indes zu Ende und im nächsten Jahr kamen sie und sagten zu ihm: Wir können unserem Herrn nicht verhehlen, dass das Geld zu Ende und unser Viehbestand in den Besitz unseres Herrn über-gegangen ist. Wie unser Herr sieht, haben wir nichts mehr als unsere Leiber und unser Ackerland. 19 Warum sollen wir vor deinen Augen umkommen, wir selbst und auch unser Ackerland? Kauf uns und unsere Äcker um Brot! Wir und unser Ackerland wollen dem Pharao dienstbar sein. Stell Saatgut zur Verfügung, so werden wir am Leben bleiben, wir müssen dann nicht sterben und das Ackerland braucht nicht zu verkommen. 20 Josef kaufte also das ganze Ackerland der Ägypter für den Pharao auf; denn die Ägypter verkauften alle ihr Feld, weil sie der Hunger dazu zwang. So wurde das Land Eigentum des Pharao. 21 Das Volk aber machte er ihm leibeigen von einem Ende Ägyptens bis zum andern. 22 Nur das Ackerland der Priester kaufte er nicht auf, denn den Priestern steht ein festes Einkommen vom Pharao zu; sie leben von dem festen Einkommen, das ihnen der Pharao gewährt. Darum brauchten sie ihr Ackerland nicht zu verkaufen.

23 Nun sprach Josef zum Volk: Seht, heute habe ich euch und euer Ackerland für den Pharao gekauft. Hier habt ihr Saatgut; bestellt nun die Äcker! 24 Vom Ertrag liefert ihr dann ein Fünftel dem Pharao ab, vier Teile aber gehören euch als Saatgut für das Feld sowie als Nahrung für euch, für die Leute in euren Häusern und für eure Kinder. 25 Da antworteten sie: Du hast uns am Leben erhalten. Wenn wir das Wohlwollen unseres Herrn finden, wollen wir gern dem Pharao als Knechte dienen. 26 So verfügte Josef als gültiges Recht bis auf den heutigen Tag, dass das Ackerland Ägyptens zugunsten des Pharao mit einem Fünftel zu besteuern ist. Nur die Äcker der Priester wurden nicht Eigentum des Pharao.

Jakobs letzter Wille

27 Israel ließ sich in Ägypten nieder, in der Landschaft Goschen. Sie wurden dort ansässig, waren fruchtbar und vermehrten sich sehr. 28 Jakob lebte noch siebzehn Jahre in Ägypten und die Tage Jakobs, seine Lebensjahre, betrugen hundertsiebenundvierzig Jahre. 29 Als die

Zeit kam, da Israel sterben sollte, rief er seinen Sohn Josef und sagte zu ihm: Wenn ich dein Wohlwollen gefunden habe, leg deine Hand unter meine Hüfte, dass du nach Treu und Glauben an mir handeln wirst: Begrab mich nicht in Ägypten! 30 Bin ich zu meinen Vätern entschlafen, dann bring mich fort aus Ägypten und begrab mich in der Grabstätte meiner Väter! Er antwortete: Ich will tun, wie du gesagt hast. 31 Da sagte Jakob: Leiste mir einen Eid! Er leistete ihm den Eid. Darauf neigte sich Israel über das Kopfende seines Bettes.

48 1 Einige Zeit danach ließ Jakob Josef sagen: Dein Vater ist krank. Da nahm Josef seine beiden Söhne mit, Manasse und Efraim, 2 und ließ Jakob melden: Dein Sohn Josef ist zu dir gekommen. Israel nahm sich zusammen und setzte sich im Bett auf. 3 Dann sagte Jakob zu Josef: Gott, der Allmächtige, ist mir zu Lus in Kanaan erschienen und hat mich gesegnet. 4 Er hat zu mir gesagt: Ich mache dich fruchtbar und vermehre dich, ich mache dich zu einer Schar von Völkern und gebe dieses Land deinen Nachkommen zu ewigem Besitz. 5 Jetzt sollen deine beiden Söhne, die dir in Ägypten geboren wurden, bevor ich zu dir nach Ägypten kam, mir gehören. Efraim und Manasse sollen mir so viel gelten wie Ruben und Simeon. 6 Die Nachkommen aber, die du erst nach ihnen gezeugt hast, sollen dir gehören; nach dem Namen ihrer Brüder soll man sie in ihrem Erbteil benennen. 7 Als ich aus Paddan-Aram kam, starb mir unterwegs Rahel in Kanaan; nur noch ein kleines Stück war es bis Efrata. Ich begrub sie dort auf dem Weg nach Efrata, das jetzt Betlehem heißt.

8 Als Israel die Söhne Josefs sah, fragte er: Wer sind diese? 9 Josef sagte zu seinem Vater: Meine Söhne sind es, die mir Gott hier geschenkt hat. Da sagte Israel: Bring sie her zu mir, ich will sie segnen. 10 Israels Augen waren vor Alter schwer geworden, er konnte nicht mehr recht sehen. Er zog die Söhne Josefs an sich heran, küsste und umarmte sie. 11 Dann sagte Israel zu Josef: Ich hatte nicht mehr geglaubt, dich jemals wieder zu sehen. Nun aber hat mich Gott sogar noch deine Nachkommen sehen lassen. 12 Josef holte sie von seinen Knien weg und sie warfen sich mit ihrem Gesicht zur Erde nieder. 13 Dann nahm Josef beide, Efraim an seine Rechte, zur Linken Israels, und Manasse an seine Linke, zur Rechten Israels, und führte sie zu ihm hin. 14 Israel streckte seine Rechte aus und legte sie Efraim auf den Kopf, obwohl er der jüngere war, seine Linke aber legte er Manasse auf den Kopf, wobei er seine Hände überkreuzte, obwohl Manasse der Erstgeborene war. 15 Er segnete Josef und sprach:

Gott, vor dem meine Väter Abraham und Isaak
ihren Weg gegangen sind,
Gott, der mein Hirt war mein Lebtag bis heute,
16 der Engel, der mich erlöst hat

von jeglichem Unheil,
er segne die Knaben.
Weiterleben soll mein Name durch sie,
auch der Name meiner Väter
Abraham und Isaak.
Im Land sollen sie sich tummeln,
zahlreich wie die Fische im Wasser.

17 Als Josef sah, dass sein Vater seine Rechte Efraim auf den Kopf legte, gefiel ihm das nicht. Josef ergriff die Hand seines Vaters, um sie von Efraims Kopf auf den Kopf Manasses hinüberzuziehen, 18 und er sagte zu seinem Vater: Nicht so, Vater, sondern der ist der Erstgeborene; leg deine Rechte ihm auf den Kopf! 19 Aber sein Vater wollte nicht. Ich weiß, mein Sohn, ich weiß, sagte er, auch er wird zu einem Volk, auch er wird groß sein; aber sein jüngerer Bruder wird größer als er und seine Nachkommen werden zu einer Fülle von Völkern. 20 Er segnete sie an jenem Tag mit den Worten: Mit deinem Namen wird Israel segnen und sagen: Gott mache dich wie Efraim und Manasse.

21 So setzte Israel Efraim vor Manasse und er sagte zu Josef: Sieh, ich muss sterben. Gott wird mit euch sein und euch in das Land eurer Väter zurückbringen. 22 Ich gebe dir einen Bergrücken schulterhoch über deinen Brüdern, den ich der Hand der Amoriter mit Schwert und Bogen entrissen habe.

Der Segen Jakobs

49 1 Darauf rief Jakob seine Söhne und sprach: Versammelt euch, dann sage ich euch an, was euch begegnet in künftigen Tagen.

2 Kommt zusammen, ihr Söhne Jakobs, und hört, auf Israel hört, auf euren Vater!

3 *Ruben*, mein Erster, du meine Stärke,
meiner Zeugungskraft Erstling,
übermütig an Stolz, übermütig an Kraft,
4 brodelnd wie Wasser.
Der Erste sollst du nicht bleiben.
Du bestiegst ja das Bett deines Vaters;
geschändet hast du damals mein Lager.

5 *Simeon und Levi*, die Brüder,
Werkzeuge der Gewalt sind ihre Messer.
6 Zu ihrem Kreis mag ich nicht gehören,
mit ihrer Rotte vereinige sich nicht mein Herz.
Denn in ihrem Zorn brachten sie Männer um,
mutwillig lähmten sie Stiere.
7 Verflucht ihr Zorn, da er so heftig,
verflucht ihr Grimm, da er so roh.
Ich teile sie unter Jakob auf,
ich zerstreue sie unter Israel.

8 *Juda*, dir jubeln die Brüder zu,
deine Hand hast du am Genick deiner Feinde.
Deines Vaters Söhne fallen vor dir nieder.
9 Ein junger Löwe ist Juda.
Vom Raub, mein Sohn, wurdest du groß.
Er kauert, liegt da wie ein Löwe,
wie eine Löwin. Wer wagt, sie zu scheuchen?
10 Nie weicht von Juda das Zepter,
der Herrscherstab von seinen Füßen,
bis der kommt, dem er gehört,
dem der Gehorsam der Völker gebührt.
11 Er bindet am Weinstock sein Reittier fest,
seinen Esel am Rebstock.
Er wäscht in Wein sein Kleid,
in Traubenblut sein Gewand.
12 Feurig von Wein funkeln die Augen,
seine Zähne sind weißer als Milch.

13 *Sebulon* wohnt nahe dem Strand,
am Gestade der Schiffe, mit seinem Rücken
nach Sidon hin.

14 *Issachar* ist ein knochiger Esel,
lagernd in seinem Pferch.
15 Er sieht, wie die Ruhe so schön ist
und wie so freundlich das Land;
da neigt er die Schulter als Träger
und wird zum fronenden Knecht.

16 *Dan* schafft Recht seinem Volk
wie nur einer von Israels Stämmen.
17 Zur Schlange am Weg wird Dan,
zur zischelnden Natter am Pfad.
Sie beißt das Pferd in die Fesseln,
sein Reiter stürzt rücklings herab.
18 Auf deine Hilfe harre ich, Herr.

19 *Gad*, ins Gedränge drängen sie ihn,
doch er bedrängt ihre Ferse.

20 *Ascher*, fett ist sein Brot.
Königskost liefert er.

21 *Naftali*, die flüchtige Hirschkuh,
versteht sich auf gefällige Rede.

22 Ein junger Fruchtbaum ist *Josef*,
ein junger Fruchtbaum am Quell,
ein junger Zweig an der Mauer.
23 Man erbittert und reizt ihn,
die Schützen stellen ihm nach.
24 Sein Bogen sitzt sicher;
gelenkig sind Arme und Hände.
Das kommt vom Starken Jakobs,
von dort kommt der Hirt, Israels Fels,
25 vom Gott deines Vaters, er wird dir helfen.
Gott, der Allmächtige, er wird dich segnen

mit Segen des Himmels von droben,
mit Segen tief lagernder Urflut,
mit Segen von Brust und Schoß.
26 Deines Vaters Segen übertrifft
den Segen der uralten Berge,
den man von den ewigen Hügeln ersehnt.
Er komme auf Josefs Haupt,
auf das Haupt des Geweihten der Brüder.

27 *Benjamin* ist ein reißender Wolf:
Am Morgen frisst er die Beute,
am Abend teilt er den Fang.

Jakobs Tod und Begräbnis

28 Sie alle sind die zwölf Stämme Israels und das war es,
was ihr Vater zu ihnen sagte, als er sie segnete. Einen
jeden bedachte er mit dem Segen, der ihm zukam. 29 Er
trug ihnen ferner auf und sagte zu ihnen: Ich werde
mit meinen Vorfahren vereint. Begrabt mich bei meinen Vätern in der Höhle auf dem Grundstück des He-
titers Efron, 30 in der Höhle auf dem Grundstück von
Machpela bei Mamre in Kanaan. Das Grundstück hatte
Abraham vom Hetiter Efron als eigene Grabstätte gekauft. 31 Dort hat man Abraham und seine Frau Sara
begraben; dort hat man Isaak und seine Frau Rebekka
begraben; dort habe ich Lea begraben, 32 auf dem
Grundstück, das samt der Höhle darauf von den Heti-

tern in unseren Besitz übergegangen ist. 33 Jakob beendete den Auftrag an seine Söhne und zog seine Füße auf das Bett zurück. Dann verschied er und wurde mit seinen Vorfahren vereint.

50 1 Josef warf sich über seinen Vater, weinte um ihn und küsste ihn. 2 Darauf befahl er den Ärzten, die ihm zu Dienste standen, seinen Vater einzubalsamieren. Die Ärzte balsamierten also Israel ein. 3 Darüber vergingen vierzig volle Tage, denn so lange dauerte die Einbalsamierung. Die Ägypter beweinten ihn siebzig Tage lang. 4 Als die Tage der Trauer vorüber waren, sagte Josef zu den Hofleuten des Pharao: Wenn ich euer Wohlwollen genieße, tragt dem Pharao dieses mein Anliegen vor: 5 Mein Vater hat mich schwören lassen und gesagt: Ich muss sterben; in dem Grab, das ich mir in Kanaan angelegt habe, dort begrabt mich! Nun also möchte ich hinaufziehen und meinen Vater begraben; dann komme ich wieder zurück. 6 Da sagte der Pharao: Zieh hinauf, begrabe deinen Vater, wie du geschworen hast.

7 Josef zog hinauf, um seinen Vater zu begraben. Mit ihm zogen alle Hofleute des Pharao, die Ältesten seines Hofes und alle Ältesten Ägyptens, 8 das ganze Haus Josef, seine Brüder und das Haus seines Vaters. Nur ihre Kinder, ihre Schafe, Ziegen und Rinder ließen sie in Goschen zurück. 9 Auch die Wagen und die dazugehörige Mannschaft zogen mit ihm, sodass es ein sehr großer Zug wurde. 10 Als sie nach Goren-Atad

jenseits des Jordan gekommen waren, hielten sie dort eine sehr große, würdige Totenklage; sieben Tage hielt er um seinen Vater Trauer. 11 Die Einheimischen, die Kanaaniter, beobachteten die Trauerfeier in Goren-Atad und sagten: Eine würdige Trauerfeier veranstalten da die Ägypter. Darum heißt der Ort Abel-Mizrajim (Ägyptertrauer); er liegt jenseits des Jordan.

12 Jakobs Söhne taten an Jakob so, wie er ihnen aufgetragen hatte. 13 Sie brachten ihn nach Kanaan und begruben ihn in der Höhle des Grundstücks von Machpela. Abraham hatte das Grundstück bei Mamre als eigene Grabstätte von dem Hetiter Efron gekauft.

Josefs letzte Lebensjahre und sein Tod

14 Nachdem Josef seinen Vater begraben hatte, kehrte er nach Ägypten zurück, zusammen mit seinen Brüdern und allen, die mitgezogen waren, um seinen Vater zu begraben.

15 Als Josefs Brüder sahen, dass ihr Vater tot war, sagten sie: Wenn sich Josef nur nicht feindselig gegen uns stellt und uns alles Böse vergilt, das wir ihm getan haben. 16 Deshalb ließen sie Josef wissen: Dein Vater hat uns, bevor er starb, aufgetragen: 17 So sagt zu Josef: Vergib doch deinen Brüdern ihre Untat und Sünde, denn Schlimmes haben sie dir angetan. Nun also vergib doch die Untat der Knechte des Gottes deines Vaters! Als man ihm diese Worte überbrachte, musste Josef

weinen. 18 Seine Brüder gingen dann auch selbst hin, fielen vor ihm nieder und sagten: Hier sind wir als deine Sklaven. 19 Josef aber antwortete ihnen: Fürchtet euch nicht! Stehe ich denn an Gottes Stelle? 20 Ihr habt Böses gegen mich im Sinne gehabt, Gott aber hatte dabei Gutes im Sinn, um zu erreichen, was heute geschieht: viel Volk am Leben zu erhalten. 21 Nun also fürchtet euch nicht! Ich will für euch und eure Kinder sorgen. So tröstete er sie und redete ihnen freundlich zu.

22 Josef blieb in Ägypten, er und das Haus seines Vaters. Josef wurde hundertzehn Jahre alt. 23 Er sah noch Efraims Söhne und Enkel. Auch die Söhne Machirs, des Sohnes Manasses, kamen auf Josefs Knien zur Welt. 24 Dann sprach Josef zu seinen Brüdern: Ich muss sterben. Gott wird sich euer annehmen, er wird euch aus diesem Land heraus und in jenes Land hinaufführen, das er Abraham, Isaak und Jakob mit einem Eid zugesichert hat. 25 Josef ließ die Söhne Israels schwören: Wenn Gott sich euer annimmt, dann nehmt meine Gebeine von hier mit hinauf! 26 Josef starb im Alter von hundertzehn Jahren. Man balsamierte ihn ein und legte ihn in Ägypten in einen Sarg.

JOSEF IM KORAN
SURE 12

Sure 12 – Josef

Im Namen Gottes, des barmherzigen Erbarmers

1 Alif Lām Rā'.
Dies sind die Zeichen[1] des deutlichen Buchs.
2 Fürwahr, wir sandten es herab als Lesung[2] auf
  Arabisch,
  vielleicht habt ihr ja Einsicht.
3 Wir wollen dir erzählen auf die allerschönste
  Weise,
  mit dem, was wir als diese Lesung dir offenbarten,
  auch wenn zuvor du, wahrlich, keiner derer warst,
  die darauf achtgegeben.
4 Als Josef sprach zu seinem Vater:
  «Mein Vater! Siehe, ich sah elf Sterne und die
  Sonne und den Mond,
  sah sie vor mir sich niederwerfen.»
5 Da sprach er: «Mein Sohn! Erzähl dein
  Traumgesicht nicht deinen Brüdern,
  damit sie gegen dich nicht eine List ersinnen.
  Siehe, der Satan ist für den Menschen ein klarer
  Feind.

1 «Zeichen», oder: «Verse».
2 «Lesung», oder: «Koran».

6 Und ebenso[1] wird dich dein Herr erwählen
und dich das Deuten von Geschichten[2] lehren
und wird an dir und Jakobs Haus[3] vollenden seine
Gnade,
wie er sie früher schon vollendete an deinen
Vätern[4] Abraham und Isaak.
Siehe, dein Herr hat Wissen und ist weise.»

7 In Josef und in seinen Brüdern, da liegen Zeichen[5]
für die Fragenden.

8 Als einst sie sprachen:
«Josef und sein Bruder sind unsrem Vater
wahrhaftig lieber als wir,
wo wir doch eine Schar sind! Sieh, unser Vater ist
in klarem Irrtum.

9 So tötet Josef, oder vertreibt[6] ihn aus dem Land,
dann wird das Antlitz eures Vaters auf euch allein
sich richten,
und ihr werdet rechtschaffene Leute sein danach!»

10 Da sprach von ihnen jemand: «Tötet Josef nicht!
Werft ihn hinunter auf den Grund des Brunnens[7],

---

1 «und ebenso», d.h. entsprechend dem in Vers 4 geschilderten
Traum.
2 «das Deuten von Geschichten», oder: «die Rätseldeutung»,
oder: «die Traumerklärung».
3 «Haus», im Sinne von: Geschlecht, Familie.
4 «Vätern», im Sinne von Vorvätern, Ahnen.
5 «liegen Zeichen», andere Lesart: «liegt ein Zeichen».
6 «vertreibt», oder: «verstoßt».
7 «auf den Grund des Brunnens», andere Lesarten: «in des Brunnens Tiefen», oder: «in die Verborgenheit des Brunnens». Mit
«Brunnen» ist in diesem Zusammenhang eine Zisterne gemeint.

damit ihn mit sich nehme jemand von den
  Reisenden
– wenn ihr es tun wollt.»

11 Sie sprachen: «Du unser Vater!
Was ist mit dir, dass du uns Josef nicht anvertraust?
Wir sind ihm wirklich zugetan!

12 Schick morgen ihn mit uns hinaus, damit er sich
  vergnüge und spiele[1]!
Wir werden ihn gewiss in unsere Obhut
  nehmen.»

13 Er sprach: «Siehe, es betrübt mich wahrlich, dass
  ihr ihn mit euch nehmen wollt.
Ich fürchte, dass ein Wolf[2] ihn frisst, wenn ihr
  nicht auf ihn achthabt.»

14 Sie sprachen: «Und wenn ein Wolf ihn frisst, wo
  wir doch eine Schar sind,
fürwahr, dann wären wir verloren!»

15 Als sie mit ihm nun fortgegangen und
  übereingekommen waren,
ihn auf den Grund des Brunnens[3] hinabzutun[4],
da gaben wir ihm ein[5]: «Wahrlich, einst wirst du
  ihnen diese ihre Tat verkünden,

---

1 «damit er sich vergnüge und spiele», andere Lesart: «damit wir
uns vergnügen und spielen».
2 «ein Wolf», wörtlich: «der Wolf»; so auch in den Versen 14 und
17.
3 Vgl. oben die Anmerkung zu Vers 10.
4 «hinabzutun», wörtlich: «zu tun».
5 «da gaben wir ihm ein», oder: «da offenbarten wir ihm».

doch ohne dass sie's merken.»

16 Und abends kamen sie zu ihrem Vater – weinend;

17 sie sprachen: «Du unser Vater! Siehe, wir gingen
und liefen um die Wette
und ließen Josef zurück bei unserer Habe, und da
fraß ihn ein Wolf.
Doch du wirst uns nicht glauben, selbst dann,
wenn wir die Wahrheit sprächen.»

18 Und sie kamen, und sein Hemd war voll von
falschem Blut[1].
Er sprach: «Nein, nein! Ihr habt euch etwas
eingeredet.
Da heißt es: Schön geduldig sein
und Gott anflehn ob dessen, was ihr da erzählt[2].»

19 Da kamen Reisende, die schickten[3] ihren
Wasserträger,
und der ließ seinen Eimer hinunter auf den
Grund.
Er sprach: «Welch frohe Botschaft, da ist ein
junger Mann!»
Und sie verbargen ihn wie eine Ware.
Doch Gott hat Wissen um ihr Tun.[4]

20 Und sie verkauften ihn zu einem sehr geringen
Preis,

1 «sein Hemd war voll von falschem Blut», wörtlich: «sie brachten falsches Blut auf sein Hemd».
2 «erzählt», wörtlich: «beschreibt».
3 Oder: «Da kam eine Reisegruppe, die schickte …»
4 Wörtlich: «Und Gott war wissend um das, was sie taten.»

für abgezählte Dirhams; und darin waren sie
    entsagungsvoll[1].

21 Und der Ägypter, der ihn kaufte, sprach zu seiner
    Frau:
«Mach seine Wohnstatt ehrenvoll!
Womöglich nützt er uns, vielleicht auch nehmen
    wir ihn an als Sohn.»
Und so sicherten wir Josef seinen Platz im Land,
auch um das Deuten von Geschichten[2] ihn zu
    lehren.
Und Gott obsiegt in dem, was er verfügt,
doch wissen es die meisten Menschen nicht.

22 Und als er volle Manneskraft erlangte,
verliehen wir ihm Urteilskraft und Wissen.
Auf diese Weise belohnen wir die, welche Gutes
    tun.

23 Da trachtete die Frau, in deren Haus er war, ihn
    zu verführen.
Und sie verschloss die Türen, wobei sie sprach:
    «Herbei mit dir!»
Er sprach: «Behüte Gott! Siehe, mein Herr[3] hat
    meine Wohnstatt wohl bereitet;
siehe, die Frevler werden nicht gedeihen!»

---

1 «und darin waren sie entsagungsvoll», oder: «und sie verzichte-
ten auf ihn».
2 «die Deutung von Geschichten», oder: «die Traumerklärung»;
vgl. oben die Anmerkung zu Vers 6.
3 «mein Herr», d.h. entweder Josefs ägyptischer Herr oder aber
Gott.

24 Sie aber trug nach ihm Verlangen; auch hätte er sie
   wohl begehrt,
   wenn er von seinem Herrn das Zeichen[1] nicht
   gesehen hätte.
   So taten wir, um Böses und Abscheuliches von
   ihm zu wenden;
   denn siehe, er ist einer unserer auserwählten[2]
   Diener.
25 Sie liefen beide um die Wette – hin zur Tür, und
   sie zerriss sein Hemd von hinten,
   und trafen an der Tür auf den Herrn von ihr[3].
   Sie sprach: «Die Strafe dessen, der Böses wollte
   gegen deine Leute,
   kann nur sein, eingesperrt zu werden, oder
   schlimme Pein.»
26 Er[4] sprach: «Sie war es, die mich zu verführen
   suchte.»
   Und einer, der es sah aus ihrem Haus, bezeugte:
   «Wenn nun sein Hemd zerrissen ist von vorn,
   so spricht *sie* die Wahrheit, und *er* ist einer von
   den Lügnern;
27 doch wenn sein Hemd zerrissen ist von hinten,

---

1 «von seinem Herrn das Zeichen», wörtlich: «das Zeichen seines Herrn».
2 «auserwählten», andere Lesart: «aufrecht gesinnten».
3 «auf den Herrn von ihr», wörtlich: «auf ihren Herrn»
(sayyidahā), d.h. den Ehegatten der Frau.
4 «Er», d.h. Josef.

so hat *sie* gelogen, und *er* ist einer, der die
Wahrheit spricht.»

28 Als er[1] sein Hemd nun sah, dass es zerrissen war
von hinten, da sprach er:

«Siehe, Ränkespiele von euch Frauen! Ja, eure
Ränkespiele sind gewaltig.

29 Josef! Wende dich ab davon!

Und du, Frau, bitte um Verzeihung wegen deiner
Schuld!

Denn siehe, du warst eine von den Sündigen!»

30 Da sprachen Frauen in der Stadt:

«Die Frau des Mächtigen sucht ihren Burschen zu
verführen!

Er hat zu Liebesleidenschaft sie angefacht!

Siehe, wir sehen sie auf klarem Irrweg.»

31 Als sie von deren Arglist hörte, da sandte sie zu
ihnen

und richtete ein Gastmahl für sie aus[2] und legte
einer jeden ein Messer hin

und sprach: «So komm heraus zu ihnen!»

Und als sie ihn erblickten, da priesen sie ihn hoch
und schnitten sich die Hände auf

und sprachen: «Gott bewahre, das ist kein Mensch.

Das ist vielmehr ein edler Engel!»

---

1 «er», d.h. Josefs Herr, der Ehemann der Frau.
2 «und richtete ein Gastmahl für sie aus», andere Lesart: «und
richtete Orangen für sie her».

32 Sie sprach: «Genau der ist es ja, um dessentwillen
   ihr mich tadeltet.
   Ich wollte ihn verführen, doch er blieb standhaft[1].
   Und wenn er nun nicht tut, wie ich es ihm
   befehle,
   so wird er eingesperrt und ist dann einer der
   Geringgeachteten[2].»

33 Er sprach: «Mein Herr! Der Kerker ist mir lieber
   als das, wozu die Frauen mich nun bringen
   wollen.
   Und wenn du ihre Ränkespiele nicht von mir
   wendest,
   verfallen bin ich ihnen dann und einer von den
   Toren.»

34 Doch da erhörte ihn sein Herr und wandte ihre
   Ränkespiele von ihm ab;
   siehe, er ist, der hört und Wissen hat!

35 Darauf, nachdem die Zeichen sie gesehen hatten,
   erschien es ihnen recht, ihn eine Zeit lang
   einzusperren.

36 Und mit ihm ins Gefängnis kamen zwei junge
   Burschen.
   Der eine sprach: «Ich sah, wie ich Wein kelterte[3].»

---

1 «er blieb standhaft», wörtlich: «er hielt sich zurück».

2 «Geringgeachteten», oder: «Erniedrigten».

3 «ich sah, wie ich Wein kelterte», wörtlich: «ich sehe mich Wein
keltern».

Der andere sprach: «Ich sah, wie ich auf meinem
     Haupt ein Brot trug[1],
von welchem dann die Vögel fraßen. So tue uns
     die Deutung dessen kund!
Wir sehen, dass du einer derer bist, die sich darauf
     verstehen[2].»

37 Er sprach: «Noch ehe zu euch Speise kommt,
     durch die man euch versorgt,
so tu' ich euch die Deutung dessen kund – bevor
     sie bei euch eintrifft.
Denn das gehört zu dem, was mich mein Herr
     gelehrt.
Siehe, ich gab die Gemeinschaft[3] eines Volkes auf,
     das an Gott nicht glaubt;
und seine Menschen[4] sind es, die das Jenseits klar
     verleugnen!

38 Und ich folgte der Gemeinschaft[5] meiner Väter,
     Abrahams, Isaaks und Jakobs.
Und es geziemt uns nicht, dass wir Gott etwas an
     die Seite stellen.
Denn das gehört zur Gnade Gottes an uns und an
     den Menschen.
Doch dankbar sind die meisten Menschen nicht.

---

1 «ich sah …», wörtlich: «ich sehe mich … tragen».
2 «die sich darauf verstehen», oder: «die Gutes tun».
3 «Gemeinschaft», oder: «Glaubensweise».
4 «seine Menschen», wörtlich: «sie», d.h. die Angehörigen des
Volkes.
5 «Gemeinschaft», oder: «Glaubensweise».

39 Ihr meine Mitgefangenen![1]

Sind mannigfache Herren besser – oder nicht
doch Gott der Eine, der Bezwinger?

40 Was ihr da neben Gott verehrt, das sind doch
nichts als Namen,

die ihr und eure Väter so benannten;

Gott hat dazu keine Vollmacht herabgesandt.

Entscheidungsmacht[2] hat Gott alleine:

Befohlen hat er, einzig ihm zu dienen: Das ist die
rechte Religion[3].

Doch wissen es die meisten Menschen nicht.

41 Ihr meine Mitgefangenen![4]

Der eine von euch beiden, Wein wird er seinem
Herrn kredenzen,

der andere jedoch, der wird gekreuzigt werden,

und Vögel werden fressen von seinem Haupt.

Beschlossen ist die Sache, in der ihr mich um Rat
befragt.»

42 Er[5] sprach zu dem, von dem er glaubte, er käme
frei:

«Erwähne mich[6] bei deinem Herrn!»

---

1 «Ihr meine Mitgefangenen!», wörtlich: «Ihr beiden Gefangenen!»
2 «Entscheidungsmacht», *ḥukm*, auch «Urteil, Befehl».
3 «die rechte Religion», *ad-dīn al-qayyim*.
4 «Ihr meine Mitgefangenen!», wörtlich: «Ihr beiden Gefangenen!»
5 «Er», d.h. Josef.
6 «Erwähne mich», oder: «Gedenke meiner».

Doch Satan machte, dass er[1] die Erwähnung bei
    seinem Herrn[2] vergaß.

So blieb er ein paar Jahre im Gefängnis.

43 Und der König sprach:
    «Siehe, ich schaute[3] sieben fette Kühe, doch fraßen
        sieben magere sie auf;
    und sieben grüne Ähren und andere, verdorrte.
    Ihr hohen Herren[4], gebt mir nun Aufschluss über
        mein Traumgesicht,
    wenn ihr aufs Deuten solcher Traumgesichte euch
        versteht!»

44 Sie sprachen: «Wirre Träume!»
    Und: «Wir wissen Träume nicht zu deuten!»

45 Und jener von den beiden, der freigekommen war
    und sich, nach einer Frist[5], erinnerte, der sprach:
    «Ich bin es, der euch seine Deutung kundtun
        kann: So schickt mich los!»

46 «Josef, du Wahrheitsliebender[6]!
    Gib uns Aufschluss über sieben fette Kühe,
    doch fressen sieben magere sie auf,

---

1 «er», d.h. der freigelassene Gefangene (vgl. unten Vers 45), der
es vergisst, Josef bei seinem neuen Herrn (dem König) zu erwäh-
nen. Anders Paret, der annimmt, dass Josef gemeint ist.
2 «die Erwähnung bei seinem Herrn», oder, wenn man (wie
Paret) Josef als Subjekt versteht: «seines Herrn (d.h. Gottes) zu
gedenken».
3 «ich schaute», wörtlich: «ich schaue».
4 «hohen Herren», wörtlich: «Wortführer», *mala'*.
5 «nach einer Frist», andere Lesart: «nachdem er es vergessen
hatte» (wörtlich: «nach Vergessen»).
6 «Wahrheitsliebender», oder: «Wahrhaftiger, Gerechter».

und über sieben grüne Ähren und andere,
    verdorrte!
Ich könnte zu den Menschen dann zurück,
und sie erfahren's dann vielleicht.»

47 Er[1] sprach: «Ihr werdet sieben Jahre nach
    gewohnter Weise säen,
doch was ihr erntet, sollt ihr in den Ähren lassen,
bis auf ein Weniges, wovon ihr esst.

48 Sodann, wenn das vorbei ist[2], kommen sieben
    harte,
die das verzehren, was ihr dafür zurückgelegt,
bis auf ein Weniges, was ihr verwahren sollt.

49 Sodann, wenn das vorbei ist[3], kommt ein Jahr,
da Gott den Menschen Regen schenkt[4],
und wo sie wieder keltern[5].»

50 Der König sprach: «Bringt ihn zu mir!»
Und als der Bote zu ihm[6] kam, da sprach er:
«Kehr um zu deinem Herrn! Dann frage ihn:
‹Wie steht es mit den Frauen, die sich in die
    Hände schnitten?
Siehe, mein Herr kennt ihre Ränkespiele.›»

---

1 «Er», d.h. Josef.
2 «wenn das vorbei ist», wörtlich: «nach diesem».
3 Vgl. die vorhergehende Anmerkung.
4 «Gott den Menschen Regen schenkt», wörtlich: «die Menschen beregnet werden», *yuġāṯu n-nāsu*. Nach altarabischer Sprachauffassung ist Gott als Subjekt anzunehmen. Alternative Übersetzungsmöglichkeit: «da die Menschen gerettet werden».
5 «sie wieder keltern», andere Lesart: «ihr wieder keltert».
6 «zu ihm», d.h. zu Josef.

51 Er[1] sprach: «Was hattet ihr im Sinn,
   als ihr versuchtet, Josef zu verführen?»
   Sie sprachen: «Gott bewahre! Nichts Böses gegen
   ihn ist uns bekannt[2].»
   Da sprach die Frau des Mächtigen: «Jetzt kommt
   die Wahrheit an den Tag:
   Ich trachtete danach, ihn zu verführen –
   doch siehe, er ist wahrlich einer von den
   Ehrlichen.»

52 «Und das, damit er[3] wisse, dass ich nicht im
   Verborgenen ihn hinterging
   und dass Gott der Betrüger Ränkespiel nicht
   leitet.

53 Und meine Seele spreche ich nicht frei – die Seele
   lenkt ja hin zum Bösen –
   nur dann nicht, wenn mein Herr Erbarmen zeigt.
   Siehe, mein Herr verzeiht und ist barmherzig.»

54 Der König sprach: «Bringt ihn zu mir,
   ich will ihn für mich auserwählen!»
   Und als er sich mit ihm besprochen hatte, sprach
   er:
   «Siehe, von heute an seist du bei uns hier im
   Vertrauen eingesetzt!»

1 «Er», d.h. der König (vgl. Vers 54).
2 «ist uns bekannt», wörtlich: «wissen wir», bzw. «erfuhren wir».
3 «er», d.h. der Ehemann der Frau, «der Mächtige».

55 Er sprach: «So setz mich an die Spitze der
        Speicher hier im Land!
     Siehe, ich bin ein kluger[1] Hüter.»

56 Und so sicherten wir Josef seinen Platz[2] im Land,
     er ließ sich darin nieder, wo immer er nur wollte[3].
     Mit unserem Erbarmen bedenken wir nur, wen
        wir wollen,
     und lassen nicht verlorengehn den Lohn von
        denen, die Gutes tun.

57 Und wahrlich: Der Jenseitslohn ist besser
     für alle, welche glauben und gottesfürchtig sind.

58 Und Josefs Brüder kamen und traten bei ihm ein.
     Und er erkannte sie, doch sie vermochten ihn
        nicht zu erkennen.

59 Und als er sie mit ihren Reisesachen ausgerüstet
        hatte, da sprach er:
     «Bringt mir noch einen eurer Brüder von eurem
        Vater mit!
     Seht ihr denn nicht, dass ich das volle Maß
        austeile
     und dass ich der beste Herbergsgeber bin?

60 Doch wenn ihr ihn nicht bringt,
     so wird für euch bei mir nichts abgewogen.
     Und kommt mir ja nicht in die Nähe!»

---

1 «kluger», wörtlich: «wissender».
2 «sicherten … seinen Platz», oder: «gaben … Macht». Vgl. Vers
21.
3 «wo … er … wollte», andere Lesart: «wo … wir … wollten».

61 Sie sprachen: «Versuchen werden wir, ihn seinem
       Vater abzuringen;
   das werden[1] wir wahrhaftig tun!»

62 Er[2] sprach zu seinen Burschen: «Steckt ihnen ihre
       Ware in ihre Satteltaschen!
   Sie werden sie vielleicht, wenn sie zu ihren Leuten
       heimgezogen sind,
   erkennen – und dann vielleicht ja wiederkommen!»

63 Als sie zurückgekehrt zu ihrem Vater, da sprachen
       sie:
   «Du unser Vater! Verweigert wurde uns das volle
       Maß[3];
   so schicke unseren Bruder mit uns, damit wir
       volles Maß erhalten[4]!
   Und siehe, wir werden ihn gewiss beschützen.»

64 Er sprach: «Soll ich denn anders ihn euch
       anvertrauen,
   als ich euch früher seinen Bruder anvertraute?
   Doch Gott ist als Beschützer besser[5],
   und *er* ist der barmherzigste Erbarmer.»

65 Und als sie ihre Sachen öffneten,
   da fanden sie, dass ihnen ihre Ware zurückgegeben
       war.

1 «werden», oder: «wollen».
2 «Er», d.h. Josef.
3 «das volle Maß», wörtlich: «das Maß».
4 «wir volles Maß erhalten», andere Lesart: «damit er volles Maß
   erhält».
5 «ist als Beschützer besser», d.h. besser als die Brüder.

Sie sprachen: «Du unser Vater! Was sollen wir
    noch wünschen?»[1]
Hier, unsere Ware wurde uns zurückgegeben.
So werden wir die Unseren versorgen.
Und unseren Bruder werden wir beschützen
und überdies gewinnen eines Kameles Last[2]:
Das ist ein leicht verdientes[3] Maß!»

66 Er sprach: «Ich werde ihn nur mit euch schicken,
so ihr – bei Gott – mir fest versprecht, ihn mir
    zurückzubringen,
außer ihr seid umzingelt.»[4]
Und als sie es ihm fest versprochen hatten,
sprach er: «Gott waltet über das, was wir
    besprechen.»

67 Und sprach: «Ihr meine Söhne! Tretet nicht ein
    nur durch *ein* Tor allein,
nein, tretet ein nur durch verschiedene Tore!
Ich aber kann vor Gott in nichts euch nützen.
Denn die Entscheidung liegt bei Gott allein.
Auf ihn vertraue ich.

---

1 «Was sollen wir noch wünschen?», andere Lesart: «Was sollst du
noch wünschen?»
2 «Last», wörtlich: «Maß», d.h. das, was einem Kamel an Last
zugemessen wird.
3 «leicht verdientes», wörtlich: «leichtes».
4 «ihr seid umzingelt», wörtlich: «man umringt, umzingelt euch»,
und zwar im Sinne einer ausweglosen Situation. Eine mögliche
Übersetzung wäre auch: «es sei denn, es wäre um euch geschehen».

Ja, und auf ihn, da sollen die Vertrauenden
vertrauen!»

68 Und als sie nun so eingetreten waren,
wie es ihr Vater ihnen anbefohlen hatte,
brachte es ihnen keinen Nutzen vor Gott.
Es war nur ein Bedürfnis in Jakobs Seele, dem er
nachkam.
Fürwahr, er hatte Wissen, da wir es ihn gelehrt,
jedoch die meisten Menschen wissen nicht.

69 Und als sie nun zu Josef traten, da nahm er seinen
Bruder zu sich.
Er sprach: «Siehe, ich bin dein Bruder!
So sollst du nicht mehr traurig sein über das, was
sie[1] einst taten!»

70 Und als er sie mit allem, was sie brauchten[2],
ausgerüstet hatte,
tat er sein Trinkgefäß[3] in seines Bruders
Satteltasche.
Darauf rief aus ein Rufer: «He, ihr da von der
Karawane[4],
ihr seid wahrhaftig Diebe!»

1 «sie», d.h. die Brüder.
2 «mit allem, was sie brauchten», wörtlich: «mit ihrer Ausrüs-
tung».
3 «sein Trinkgefäß», wörtlich: «das Trinkgefäß».
4 «ihr da von der Karawane», wörtlich: «Karawane».

71 Sie[1] sagten, indem sie sich zu ihnen[2] wandten[3]:
«Was vermisst ihr denn?»

72 Sie[4] sprachen: «Das Trinkgefäß[5] des Königs
vermissen wir.

Und wer es wiederbringt, bekommt, womit man
ein Kamel beladen kann[6].

Und ich[7] bin dafür Bürge!»

73 Sie sprachen: «Bei Gott, ihr wisset doch, dass wir
nicht kamen,

um im Lande Verderben anzustiften. Auch sind wir
keine Diebe!»

74 Sie sprachen: «Und was ist die Strafe dafür[8], wenn
ihr Lügner seid?»

75 Sie sprachen: «Die Strafe dafür sei, dass der,
in dessen Satteltasche es[9] gefunden wird, auch
dafür einzustehen hat[10].»

---

1 «Sie», d.h. die Brüder.

2 «ihnen», d.h., es wird vorausgesetzt, dass sich der «Rufer» in
einer Gruppe befindet.

3 «indem sie sich zu ihnen wandten», wörtlich: «und kamen nah
heran zu ihnen».

4 Gemeint sind der «Rufer» und seine Gruppe.

5 «das Trinkgefäß», andere Lesart: «das Maß».

6 «womit man ein Kamel beladen kann», wörtlich: «die Last
eines Kamels».

7 Am nächstliegenden ist es, «ich» auf den Rufer zu beziehen.
Doch wäre es auch möglich, hierin einen Bezug auf Josef zu sehen, dessen Sprachrohr der «Rufer» ja ist.

8 «die Strafe dafür», oder «seine Strafe», d.h. die des Diebes.

9 «es», gemeint ist «das Trinkgefäß» (s. Vers 72).

10 «dafür einzustehen hat», wörtlich: «die Strafe dafür ist». Gemeint
ist damit, dass der Dieb selbst übergeben und zum Sklaven
gemacht wird.

Auf diese Art bestrafen wir[1] die Frevler.

76 Und er begann mit ihren Taschen – noch vor der
    Tasche seines Bruders.

Dann zog er es[2] heraus aus seines Bruders Tasche.

So wandten wir zugunsten Josefs eine List an.

Dem Recht[3] des Königs nach war's nicht erlaubt,
den Bruder[4] in Besitz zu nehmen, hätte Gott es
    nicht gewollt.

Im Rang[5] erhöh'n wir, wen wir wollen.

Und über einem jeden, der Wissen hat, steht noch
    ein Wissender.

77 Sie sprachen: «Wenn er stahl, so stahl schon früher
    einer seiner Brüder.»

Doch das verbarg in seiner Seele Josef und ließ es
    sie nicht wissen.

Er sprach: «Schlimm steht's um euch, und Gott
    weiß ganz genau, was ihr da aussagt[6].»

78 Sie sprachen: «O Mächtiger! Siehe, sein Vater ist
    ein hochbetagter Mann.

So nimm von uns – an seiner Stelle – einen!

---

1 «wir» ist in diesem Satz wohl als Selbstaussage Gottes zu verstehen und nicht als Erklärung der Brüder für ihr Tun.
2 «es», gemeint ist das Trinkgefäß (s. Vers 72 und Vers 75).
3 «Recht», *dīn*, sonst je nach Zusammenhang mit «Religion»
oder «Gericht» zu übersetzen.
4 «den Bruder», wörtlich: «seinen Bruder».
5 «Im Rang», wörtlich: «Um Stufen». Andere Lesart: «Und wir
erhöh'n die Ränge derer, die wir wollen.»
6 «aussagt», wörtlich: «beschreibt».

Siehe, wir sehen, dass du einer derer bist, die
Gutes tun!»
79 Er sprach: «Behüte Gott, dass einen anderen wir
nehmen,
als den, bei dem man unsere Habe fand.
Denn siehe, dann wären wir ja Frevler!»
80 Und als sie nun die Hoffnung bei ihm[1]
aufgegeben[2],
berieten sie sich abseits und vertraulich.
Der Älteste von ihnen sprach: «Wisst ihr denn
nicht,
dass euer Vater euch ein Versprechen abnahm
gegenüber Gott?
Und dass ihr früher schon auf Josef nicht
achtgabt?
Nicht eher werd' ich dieses Land verlassen,
bis dass es mir erlaubt mein Vater
oder Gott darüber die Entscheidung trifft für
mich.
Er weiß am besten zu entscheiden.
81 Kehrt heim zu eurem Vater und sprecht:
‹Du unser Vater! Siehe, gestohlen hat dein Sohn,
und wir bezeugten nur, wovon wir Kenntnis
hatten,

1 «ihm», d.h. Josef.
2 Nämlich die Hoffnung darauf, bei Josef etwas für ihren Bruder
erreichen zu können.

und konnten das Verborgene nicht wenden[1].

82 Frag in der Stadt, in der wir waren, nach
und bei der Karawane, mit der wir uns dorthin
   begaben:
Fürwahr, die Wahrheit sprechen wir.›»

83 Er[2] sprach: «Nein, selber[3] habt ihr euch da etwas
   eingeredet.
Da heißt es: Schön geduldig sein!
Vielleicht bringt Gott sie allesamt[4] mir wieder her.
Siehe, er ist der Wissende, der Weise.»

84 Und wandte sich von ihnen ab und sprach:
   «O Jammer über Josef!»
Und seine Augen wurden trüb[5] vor Traurigkeit,
   und stumm ward er vor Gram.

85 Sie sprachen: «Bei Gott, du wirst nicht davon
   lassen, Josefs zu gedenken,
bis dass du siech wirst oder einem gleichst, der
   sich dem Tode naht[6].»

86 Er sprach: «O nein, ich klage Gott mein Leid und
   meine Traurigkeit,
wo ich doch weiß von Gott, was ihr nicht wisst.

---

1 Wörtlich: «und konnten gegenüber dem Verborgenen keine
Vorsorge treffen». «Das Verborgene» *(ġayb)* bezeichnet hier das
Gegenteil von dem, was sichtbar (und somit erklärbar) ist.
2 «Er», d.h. Jakob.
3 «selber», wörtlich»: «eure Seelen».
4 «sie allesamt», d.h. Josef und den anderen Bruder.
5 «trüb», wörtlich: «weiß».
6 «einem gleichst, der sich dem Tode naht», wörtlich: «einer derer
bist, die sterbend sind».

87 Ihr meine Söhne! Geht los und forscht nach Josef
und nach seinem Bruder!
Und zweifelt nicht an Gottes Güte!
An Gottes Güte zweifeln die nur, die nicht
glauben.»

88 Und als sie bei ihm[1] eingetreten, sprachen sie:
«O Mächtiger! Uns und die Unseren traf Not,
und darum kommen wir mit Ware von geringem
Wert[2].
Doch fülle uns das Maß und gib uns milde
Gaben!
Denn Gott belohnt die, welche milde Gaben
geben.»

89 Er sprach: «Ist euch bewusst, was Josef ihr und
seinem Bruder angetan,
da ihr unwissend wart?»

90 Sie sprachen: «Du bist wohl selber Josef?»
Er sprach: «Ich bin es, Josef, und das hier ist mein
Bruder!
Voll Güte war Gott gegen uns. Wer fromm ist und
geduldig –
fürwahr, Gott lässt den Lohn der Guten[3] nicht
verlorengehen.»

---

1 «ihm», d.h. Josef.
2 «von geringem Wert», die Bedeutung des Wortes *muzǧā* ist
unsicher.
3 «der Guten», wörtlich: «derer, die Gutes tun».

91 Sie sprachen: «Bei Gott, Gott hat den Vorzug dir
       vor uns gegeben,
   und wir, fürwahr, wir waren Sünder!»

92 Er sprach: «Kein Tadel sei auf euch an diesem Tag!
   Vergeben wird euch Gott, denn er ist der
       barmherzigste Erbarmer.

93 Geht los, mit diesem meinem Hemd,
   und legt es meinem Vaters aufs Gesicht,
   damit er wieder sehend wird!
   Und kommt zu mir mit allen euren
       Anverwandten!»

94 Und als die Karawane aufgebrochen war, da
       sprach ihr Vater:
   «O, ich bemerke[1] Josefs Duft, auch wenn ihr mich
       für töricht haltet.»

95 Sie sprachen: «Ach Gott, du bist ja noch[2] in
       deinem alten Irrtum!»

96 Und als gekommen war der Freudenbote,
   da legte er es[3] ihm auf das Gesicht, und er ward
       wieder sehend.
   Er[4] sprach: «Habe ich euch nicht gesagt:
   ‹Ich weiß von Gott, was ihr nicht wisst?›»

97 Sie sprachen: «Du unser Vater!
   Bitte für uns um Vergebung für unsere Missetaten!

---

1 «bemerke», wörtlich: «finde».
2 «ja noch», wörtlich: «fürwahr».
3 «es», d.h. das Hemd, vgl. Vers 93.
4 «Er», d.h. Jakob.

Siehe, wir waren Sünder.»

98 Er sprach: «Ich werde um Vergebung bitten
meinen Herrn für euch.

Siehe, er ist der Vergebende, Barmherzige.»

99 Und als sie nun zu Josef traten, da nahm er seine
Eltern zu sich und sprach:

«Betretet[1] nun Ägypten, so Gott will, in
Sicherheit!»

100 Und seine Eltern hob er auf zum Thron,

und sie alle warfen[2] sich ehrfürchtig ihm zu
Füßen.

Er aber sprach: «Mein Vater!

Das ist die Deutung meines Traumgesichts von
früher.

Zur Wirklichkeit hat es[3] mein Herr jetzt werden
lassen

und hat mir Gutes angetan, da er mich aus dem
Kerker führte

und euch aus der Wüste brachte,

nachdem der Satan zwischen mir und meinen
Brüdern Zwietracht säte.

---

1 «Betretet», *udḫulū*: Da hier der Imperativ im Plural (und nicht
im Dual) steht, sind offensichtlich nicht nur die Eltern, sondern
diese zusammen mit den Brüdern angeredet.
2 «sie alle warfen …», wörtlich: «sie warfen …», *ḫarrū*. Da das
Verbum im Plural steht, sind offensichtlich nicht nur die Eltern,
sondern diese zusammen mit den Brüdern gemeint. Um das zu
verdeutlichen, ist das Wort «alle» hinzugefügt.
3 «es», d.h. das Traumgesicht.

Siehe, mein Herr ist voller Umsicht[1] darin, was er
will.

Siehe, er ist der Wissende und Weise.

101 Mein Herr! Du gabst mir Macht
und lehrtest mich das Deuten von Geschichten.
Schöpfer der Himmel und der Erde!
Du bist mein Schutzpatron[2] im Diesseits wie im
Jenseits.
Berufe mich als gottergeben[3] ab,
und reih mich ein bei den Rechtschaffenen!»

102 Das ist eine von den Geschichten der
Verborgenheit,
dir[4] machen wir sie offenbar[5].
Und du warst nicht bei ihnen, als sie
zusammenkamen, eine List zu schmieden.

103 Die meisten Menschen, du magst dich noch so
mühen, sind nicht gläubig.

104 Und du verlangst ja keinen Lohn dafür von ihnen.
Denn siehe: Nur Ermahnung[6] ist es für die
Weltbewohner!

105 Und wie viele Zeichen sind in den Himmeln und
auf Erden,

---

1 «voller Umsicht», *laṭīf*, oder: «fürsorglich», «freundlich»,
«gütig».
2 «Schutzpatron», *walīy*, auch: «Freund», «Helfer», «Sachwalter».
3 «gottergeben», *muslim*. Eine Übersetzung mit dem arabischen
Wort «Muslim» wäre ein Anachronismus.
4 «dir», d.h. Mohammed.
5 «dir machen wir sie offenbar», oder: «dir geben wir sie ein».
6 «Ermahnung», *ḏikr*, oder: «Erinnerung».

an denen sie vorübergehen und sie absichtlich
   nicht beachten¹.

106 Die meisten von ihnen glauben nicht an Gott,
   – nur dann, wenn sie ihm einen Partner geben².

107 Sind sie denn davor sicher, dass *die Bedeckende*³ zu
   ihnen kommt,
   als Strafe Gottes,
   oder, ganz unverhofft, *die Stunde*⁴ zu ihnen kommt,
   und sie davon nichts merken⁵?

108 Sprich: «Das ist mein Weg!
   Ich rufe auf zu Gott, klar sichtbar ist der Grund⁶,
   ich und wer mir folgt! Und hochgelobt sei Gott!
   Und ich gehöre nicht zu denen, die Gott einen
   Partner geben⁷!»

109 Und vor dir⁸ haben wir nur solche Männer
   ausgesandt,

---

1 «und sie absichtlich nicht beachten», wörtlich: «und sich von
ihnen wegwenden».
2 «wenn sie ihm einen Partner geben», wörtlich: «wenn sie etwas
an die Seite stellen». Gemeint ist: Wenn es neben dem Einen Gott
(*allāh*) noch andere Götter gibt.
3 *«die Bedeckende»*, eine Umschreibung für das Jüngste Gericht.
4 *«die Stunde»*, eine Umschreibung für das Jüngste Gericht.
5 «sie davon nichts merken», wörtlich: «sie nicht merken».
6 «klar sichtbar ist der Grund», wörtlich: «aufgrund eines sicht-
baren Beweises».
7 «die Gott einen Partner geben», *mušrikīn*, wörtlich: «die etwas
[Gott] an die Seite stellen».
8 «dir», d.h. Mohammed.

denen wir Offenbarung gaben[1], die aus «den
    Städten» kamen[2].

Sind sie[3] denn nicht durchs Land gezogen,
sodass sie sahen, wie das Ende derer, die vor
    ihnen lebten[4], war?

Wahrlich, das Haus des Jenseits, gut ist es für die,
    die Gott fürchten.

Habt ihr denn keine Einsicht?[5]

110 Sodass, als die Gesandten dann verzweifelten
und meinten, dass man sie belogen hätte[6], Hilfe
    von uns zu ihnen kam?

Und gerettet wurden die[7], für die wir's wollten,
doch unsere Gewalt wird nicht vom Volk der
    Frevler abgewendet.

---

1 «wir Offenbarung gaben», oder: «offenbarten». Andere Lesart:
«denen zuteil ward Offenbarung».
2 «aus ‹den Städten› kamen», wörtlich: «zu den Bewohnern ‹der
Städte› gehörten». Mit den «Städten» *(qurā)* sind hier die Orte
gemeint, an denen Strafgerichte stattfanden.
3 «sie», d.h. offensichtlich die Bewohner Mekkas, gegen die sich
dieser Abschnitt richtet.
4 «derer, die vor ihnen lebten», wörtlich: «der vor ihnen».
5 «Habt ihr denn keine Einsicht?», andere Lesart: «Haben sie
denn keine Einsicht?»
6 «dass man sie belogen hätte», andere Lesart: «dass sie (selber)
lügen».
7 «und gerettet wurden die …», andere Lesart: «und retten werden wir die …».

In der Erzählung über sie[1] liegt eine Lehre für die,
die es beherzigen[2].
Es[3] ist nicht eine frei erfundene Geschichte,
vielmehr Bestätigung für das, was vorher war,
und Auseinandersetzung aller Dinge;
Geleit dann und Barmherzigkeit für Leute, welche
glauben.

[1] «sie», d.h. die Gesandten.
[2] «die, die es beherzigen», wörtlich: «Leute des Herzens» oder
«Leute des Verstandes». Alternative Übersetzung: «für Verstän-
dige».
[3] «Es», d.h. das Vorhergehende, in dieser Sure Erzählte. Andere
beziehen «es» auf den Koran selber, also: «Er (d.h. der Koran) ist
nicht …».

NACHWORT

Von Karl-Josef Kuschel

Die folgende Szene spielt zu Beginn der sechziger Jahre des 18. Jahrhunderts und wird erinnert von einem sechzigjährigen Mann in der Rückschau der Jahre um 1810. Er erinnert sich: Bildungsbeflissen, wie er als Kind schon war, will der Knabe auch die Sprache der Bibel, das Hebräische, lernen. Ein Privatlehrer wird eigens dafür engagiert, der Direktor des örtlichen Gymnasiums. Täglich abends um sechs besucht der Junge den Lehrer in dessen Bibliothek – im alten «Kloster zu den Barfüßern». Ein geheimer Zauber geht von diesem Ort aus. Ein «heimliches Behagen» beschleicht den Jungen jedes Mal, wenn er die Klingeltüre hinter sich schließt und den langen, düsteren Klostergang durchwandert. Der Unterricht beginnt, und von der Sprache kommt man rasch auf den Inhalt der Bibel. Dieses Buch sei voll von «Widersprüchen», findet der aufgeweckte Knabe. Und doch schlage das Buch einen merkwürdig in Bann. Wird man hier nicht mit der «Urgeschichte» der Menschheit konfrontiert? Spielt sich hier nicht das Drama des Menschengeschlechtes in seinen Anfängen ab: Paradies, Flut, Erneuerung der Menschheit? Zugleich begegnet man so seltsamen Gestalten wie dem Patriarchen Abraham und dessen Bruder Lot inmitten einer Gesellschaft von Hirten. Aus Abrahams Wurzel geht die weitere Familie hervor: Isaak und dessen Söhne Esau und Jakob, der seinen Bruder um das Erstgeburtsrecht betrügt, aber Sympathien wiedergewinnt, weil er dauernd und unverbrüchlich eine Frau wie Rachel liebt: diejenige, die zwei Söhne zur Welt bringen wird, die Jakob von allen Kindern die liebsten sind: Josef und Benjamin.

Josef: dieser «Spätling der leidenschaftlichen Liebe» hatte es dem Altgewordenen schon früh angetan:

Joseph, das Kind der leidenschaftlichsten ehelichen Liebe. Ruhig erscheint er uns und klar, und prophezeit sich selbst die Vorzüge, die ihn über seine Familie erheben sollten. Durch seine Geschwister ins Unglück gestoßen, bleibt er standhaft und rechtlich in der Sklaverei, widersteht den gefährlichsten Versuchungen, rettet sich durch Weissagung und wird zu hohen Ehren nach Verdienst erhoben. Erst zeigt er sich einem großen Königreiche, sodann den Seinigen hülfreich und nützlich. Er gleicht seinem Urvater Abraham an Ruhe und Großheit, seinem Großvater Isaak an Stille und Ergebenheit. Den von seinem Vater ihm angestammten Gewerbsinn übt er im Großen: es sind nicht mehr Herden, die man einem Schwiegervater, die man für sich selbst gewinnt, es sind Völker mit all ihren Besitzungen, die man für einen König einzuhandeln versteht. Höchst anmutig ist diese natürliche Erzählung, nur erscheint sie zu kurz, und man fühlt sich berufen, sie ins einzelne auszumalen. (Aus meinem Leben. Dichtung und Wahrheit. Erster Teil, Viertes Buch)

Und das tut der Junge denn später auch. Nicht in Vers-, sondern in Prosaform behandelt er die Josefsgeschichte.

Er schließt sie sogar ab. Das Werk kommt zu seiner eigenen Verwunderung wirklich zustande ...

Diese Szene findet man in Goethes Autobiographie *Dichtung und Wahrheit*. Ich erzähle sie noch einmal, weil die Goethe'sche Erinnerungsarbeit, erschienen 1811, einen literarischen Schlüsseltext für die Bibelrezeption in der Moderne bildet. Nicht metaphysische Erschütterung steht im Vordergrund, nicht religiöse Wahrheitssuche, sondern nüchterne Bildungserlebnisse, freie Aneignung. Dass «man» sich berufen fühlen könnte, eine biblische Geschichte «ins einzelne auszumalen», weil sie «zu kurz» sei: nichts demonstriert besser, welchen Grad der Freiheit man im deutschen Bildungsbürgertum zu Beginn des 19. Jahrhunderts im Umgang mit dem biblischen Buch erreicht hatte. Die Bibelrezeption erfolgt nicht mehr mit Kategorien wie «Offenbarung», die Unterwerfung fordert, oder «Gottes Wort», das Gehorsam verlangt. Die Bibel ist zum Stoffreservoir für eigene Gestaltungen geworden, der Mensch zum «Verbesserer» der Bibel, der die großen Geschichten umschreibt, weiterschreibt. Und zur Freiheit dieser Bibelrezeption gehört, dass der achtzehnjährige Goethe als Leipziger Student 1767 ein Autodafé an seinen biblischen Jugenddichtungen vornehmen kann. An seine Schwester Cornelia schreibt er am 13. Oktober 1767:

Belsatzer, Isabel, Ruth, Selima, ppppp haben ihre Jugend-sünden nicht anders als durch Feuer büsen können. Dahin

den (!) auch Joseph wegen der vielen Gebete die er Zeitlebens
getahn hat verdammt worden ist. […] Es ist ein erbauliches
Buch, und der Joseph hat nichts zu tuhn als zu beten. Wir
haben hier manchmal über die Einfalt des Kindes gelacht das
so ein frommes Werck schreiben konnte.

«Frommes Werk» – es passt nicht mehr zum kritischen
Bildungsideal der Goethezeit. Das Autodafé an den ei-
genen erbaulichen Bibeldichtungen markiert scharf die
Zäsur. Man kann nur noch lachen über so viel naive
Gläubigkeit von einst. Ins Feuer damit. Die Zeit ver-
langt etwas anderes an Literatur, auch einen anderen
Umgang mit der Bibel.

Die von Goethe vorgezeichnete Spur führt direkt
zu Thomas Mann. Wir verstehen nun besser, warum
dieser Schriftsteller, Spurengänger Goethes im 20. Jahr-
hundert, immer wieder auf dieses Schlüsselzitat aus
Dichtung und Wahrheit zu sprechen kommt, um sein
eigenes Unternehmen zu rechtfertigen: «Höchst anmutig ist diese natürliche Erzählung, nur scheint sie zu
kurz, und man fühlt sich berufen, sie ins einzelne auszumalen». Denn Thomas Mann hatte es mit ähnlichen
Zäsurerfahrungen zu tun wie der altgewordene Goethe.
Der Erste Weltkrieg war für die Generation des 1875
Geborenen eine traumatische Erfahrung gewesen. Er
hatte zum Beispiel den Zusammenbruch jahrhunder-
tealter Monarchien zur Folge: in Russland, China,
Deutschland. Seinen Roman *Der Zauberberg* (1924) hat-

te Thomas Mann nicht zufällig mit dem Ausbruch des Ersten Weltkriegs enden lassen. Im Jahr des Erscheinens dieses Romans trifft er in München einen Maler, einen Jugendfreund seiner Frau, der ihn bittet, seinen Grafiken zur biblischen Josefsgeschichte einen «einleitenden Schriftsatz» beizusteuern. Thomas Mann greift wieder einmal zur «alten Familienbibel», einer Luther-Bibel von 1682, die er aus Lübeck mitgenommen hatte. Und wie Goethe ist ihm plötzlich wieder gegenwärtig, was er schon in der Schule gelernt hat: Die Geschichte von Josef und seinen Brüdern. Zwei Ägyptenreisen, Anfang 1925 und Anfang 1930, geben Anschauung und stimulieren die Erzähllust zusätzlich. Zunächst ist eine Novelle geplant. Aber die Ausarbeitung erreicht rasch ganz andere Dimensionen. Vier Romane sind es am Ende, die im Zeitraum von 1933 bis 1943 erscheinen: *Joseph und seine Brüder.*

Was aber zog Thomas Mann an der Josefsgeschichte an? Es ist die *tiefe Menschlichkeit* dieser Erzählung, die ihn anrührt. Wohl auch deshalb, weil das «Menschliche», das «Humane» in all seinen Dimensionen, spätestens seit dem *Zauberberg* Thomas Manns großes literarisches Thema ist. Und das Religiöse? 1931 beteiligt sich Thomas Mann an einem Sammelband, den der Publizist Harald Braun zum Thema «Dichterglaube. Stimmen religiösen Erlebens» herausgeben will, und steuert ein «Fragment über das Religiöse» bei. Der Beitrag bildet so etwas wie eine kleine Zwischensumme der bisherigen Auseinandersetzung Thomas Manns mit Fragen der Religion:

Man hat meinen «Zauberberg» einen Erziehungsroman genannt. Da aber in seinem Zentrum das humane Problem, das Rätsel des Menschen steht, bin ich nicht weit entfernt, ihn ein religiöses Buch zu nennen, – worin seine Einschläge von Fleischesmystik mich nur bekräftigen können. Kein Wunder und Zufall also, dass seither das Religions- und Mythengeschichtliche – eine Welt von rührendster Intimität und Geschlossenheit, in der von Anfang an alles da ist – sich ganz und gar meines humanen Interesses bemächtigt hat. Das bildet den Gegenstand des Romans, an dem ich schreibe, eines Buches, noch krauser und eigensinniger vielleicht als das vorige, so dass sehr ungewiss ist, ob es ein Publikum haben wird. Was ich weiß, ist, dass es mich unendlich unterhält und beschäftigt.

«Dass es mich unendlich unterhält und beschäftigt»: Diese Erfahrung mit der Josefsgeschichte haben seit jeher ungezählte Leser von Bibel und Koran gemacht. Denn nicht nur in der Hebräischen Bibel (in den Kapiteln 37.39-50), sondern auch im Koran (in Sure 12) wird die Josefsgeschichte «auf die allerschönste Weise» erzählt (Sure 12,3). Dabei ist man vor allem als nichtmuslimischer Leser immer wieder verblüfft, wie plötzlich alles im Koran auftauchen kann. In Sure 12 ist Josef plötzlich da, ohne Vorbereitungen für den Hörer

oder Leser durch Sure 11 (bzw. chronologisch ge-
sprochen Sure 14), ohne Verbindung zu Sure 13 (bzw.
Sure 40). Plötzlich tritt Josef auf die Bühne, in einem
in sich abgeschlossenen, kompakten Stück. In einer
Sure, die seinen Namen trägt und nur von ihm handelt:
Yusuf.

I. Josef in der Bibel

Als Leser der Bibel macht man ganz andere Erfahrungen.
Wenn man im Buch Genesis auf die Josefsgeschichte
trifft, hat man 36 Kapitel durchmessen. Man hat die
Geschichten von Adam und Eva vorgesetzt bekommen,
von Noach und seiner Familie, von Abraham, Sarah und
Isaak, aber auch von Abraham, Hagar und Ismael, hat
den Konflikt zwischen den Isaak-Söhnen Esau und
Jakob nachvollzogen, hat mitverfolgen können, wie
Jakob sich den Segen Isaaks erschlichen und seinen
Bruder Esau ausmanövriert hat, und war dann lange
Zeit auf die Figur des Jakob konzentriert: auf dessen
Dienste beim Herdenbesitzer Laban, dem Bruder seiner Mutter Rebekka, und auf dessen Beziehung zu
zwei Töchtern Labans, Lea und Rahel, die sich zu einem Fruchtbarkeitsdrama entwickelt. Am Ende haben
die zwölf Söhne Jakobs nicht weniger als vier verschiedene Mütter, weil Lea und Rahel jeweils noch ihre
Mägde «eingeschaltet» haben. Im Buch Genesis ist dies
penibel vermerkt:

Jakob hatte zwölf Söhne. Die Söhne Leas waren: Ruben, der Erstgeborene Jakobs, ferner Simeon, Levi, Juda, Issachar und Sebulon. Die Söhne Rahels waren: Josef und Benjamin. Die Söhne Bilhas, der Magd Rahels, waren: Dan und Naftali. Die Söhne Silpas, der Magd Leas, waren: Gad und Asher. Das waren die Söhne Jakobs, die ihm in Paddan-Aram geboren wurden. (Gen 35,22–26)

Aus dem Fruchtbarkeitsdrama entwickelt sich ein Familiendrama, das in der Bibel seinesgleichen sucht, eine Geschichte von ungewöhnlicher Dramatik:

– Sie beginnt mit der *Sonderstellung Josefs* durch die ihn bevorzugende Liebe des Vaters. Das schürt den Neid und schließlich den Hass der Brüder, zumal Josef sie, angestachelt durch zwei Träume, seine Sonderstellung fühlen lässt, was sogar seinen Vater erzürnt (Gen 37,10f.).

– Aus diesem Komplex entwickelt sich das *Verbrechen der Brüder an Josef:* der Wurf in die erste Grube – eine Zisterne. Josef ist buchstäblich ganz unten, dem Tode preisgegeben, wie ausgelöscht, fast vernichtet.

– Dann folgen die *Rettung* durch midianitische Kaufleute, der Sklavenmarkt in Ägypten und spiegelbildlich dazu die Trauer des Vaters, dem eine Lüge aufgetischt wird. Nicht nur herrscht Hass in der eigenen Familie, sondern auch Lüge, Verstellung. Ein Bruder-Brüder-Drama und ein Söhne-Vater-Drama spielt sich ab.

– Josef steigt nun im *Haus des Ägypters Potifar,* dem Obersten der Leibwache des Pharaos, auf. Und wieder bekommen wir eine Aggressionsgeschichte erzählt, diesmal nicht aus übersteigerter, sondern aus verschmähter Liebe, diesmal nicht aus Eifersucht, sondern aus Rache. Die Frau des Potifar rächt sich, weil Josef ihrer sexuellen Verführung widersteht. Daraufhin folgt der Wurf in die zweite Grube: das Gefängnis. Er, der soeben noch als Sklave einen ersten Aufstieg erlebt hat, befindet sich wieder ganz unten. Und wieder scheint sein Schicksal besiegelt zu sein.

– Dann steigt Josef als *Traumdeuter* wieder auf. Seine Beziehung zum Hof des Pharaos durch die beiden Hofbeamten, den Obermundschenk und den Oberbäcker, die Josef im Gefängnis bedient und denen er Träume erklärt, helfen ihm. Zwei Jahre später schließlich wird er vom Pharao selbst empfangen, dem Josef – auf Empfehlung der Obermundschenks – ebenfalls einen Traum deuten kann, und zwar in einer so plausiblen Weise, dass dieser sich nicht mehr von Josef trennen will. Auf einmal ist der hebräische Sklave ganz oben, ein Vize-Gott auf Erden. Die Lebenswende könnte dramatischer nicht sein, nicht überraschender, nicht spannender.

– Am Schluss steht der Erzählkomplex von der *Versöhnung mit der eigenen Familie.* Hier wird wie verlangsamt erzählt, mit bewussten Verzögerungen und neuen Spannungsmomenten: Josef intrigiert gegen die Brüder, sodass schließlich auch der jüngste und Josef liebste Bruder, Benjamin, vor ihm steht, was zu einer ergreifenden Wiedererkennungsszene mit allen Brüdern führt: «Ich bin Josef. Ist mein Vater noch am Leben?» (Gen 45,3) Am Ende wird die Erzählung mit der Ankunft des alten Vaters in Ägypten und dem Zusammentreffen von Pharao und Jakob abgerundet. Es folgen schließlich noch Jakobs Segen, sein Tod und ein großes Beerdigungszeremoniell nach ägyptischer Art.

Fünf Erzählblöcke sind in dieser Geschichte erkennbar und machen ihre *Grundstruktur* aus:

(1) Das durch den Vater mitverursachte Eifersuchtsdrama *Bruder – Brüder*, einschließlich Mordplan, Beseitigung Josefs, Verkauf an die Midianiter, Transport nach Ägypten und Verkauf an Potifar (Gen 37).

(2) Das Drama im Hause *Potifars* mit dem Versuch sexueller Verführung durch die Frau des Hauses, die Intrige gegen Josef und der Wurf ins Gefängnis (Gen 39,1–20).

(3) Die *Traumdeutungspraxis im Gefängnis*, durch die Josef die Gunst zweier Hofbeamter des Pharaos gewinnt, von denen einer (der «Obermundschenk») sich später an Josef erinnert, als der König selbst Hilfe bei der Traumdeutung braucht (Gen. 39,21–41,14).

(4) Die *Begegnung mit dem Pharao:* Josef deutet des-

sen Traum und steigt zu einer einzigartigen Machtstellung über Ägypten auf (Gen 41,15–49).

(5) Schließlich die *Wiederbegegnung und Wiederversöhnung*, einerseits mit den Brüdern (mit denen Josef
noch eine Zeit lang spielt), andererseits mit dem Vater,
der nach Ägypten geholt wird und hier sein Leben
vollendet (Gen 41,50–50,13).

Fast alle Themen von literarischem Rang sind hier versammelt: Familienstreit und Verbrechen, Lüge und
Schuld, tiefste Niederlage und höchster Aufstieg, Not
und Hunger, Intrige, Versöhnung und Rührung, am
Ende schließlich Glück und Segen. Dazwischen finden
sich eine erotische Episode (die Verführung durch Potifars Frau), Szenen, welche die Tiefenpsychologie vor-
wegnehmen (Josef als Traumdeuter), ein Glanzstück
vorausschauender Machtpolitik (Vorratswirtschaft für
Dürrezeiten) sowie ein Kriminalstück um die älteren
Geschwister und den jüngeren Bruder Benjamin. Der
Alttestamentler Gerhard von Rad hat zu Recht davon
gesprochen, dass die biblische Josef-Erzählung von
Anfang an «Literatur» sei. Ganz «neue Möglichkeiten
der literarischen Darstellung des Menschlichen» seien
hier vorhanden, die weit über die Ausdrucksmittel hin-
ausgingen, die der älteren sagenhaften Überlieferung
der Bibel zur Verfügung gestanden hätten. Welch ein
«erlesener Stil», welche Fähigkeit, «auch psychologisch
komplizierte Situationen zu beschreiben»! «Hinsichtlich

ihrer literarischen Geschliffenheit und geistigen Kultiviertheit» habe die Josefsgeschichte «den Rang und den Anspruch eines großen, ja einzigartigen Kunstwerkes» (Biblische Joseph-Erzählung und Joseph-Roman, in: Neue Rundschau 76, 1965, S. 546–559, Zitate S. 548 und 551).

Der kunstvollen inneren Komposition entspricht die kunstvolle *äußere Komposition*. Die biblische Josefsgeschichte ist bewusst als Eckstück konzipiert und eingepasst: als Abschluss des Buches Genesis und als Überleitung zum Buche Exodus. Nach hinten ist sie verzahnt mit den Geschichten um die Erzväter und Erzmütter, nach vorne mit der Geschichte von Mose, der Offenbarung des künftigen Gottes Israels, Jahwe, sowie der Volkwerdung Israels durch den Auszug aus Ägypten und den Empfang der Zehn Gebote am Sinai. Die Josefsgeschichte trägt somit ein Doppelgesicht: Eines weist nach hinten; dafür stehen die Namen Abraham, Isaak und Jakob. Eines weist nach vorn; dafür steht der Name des Mose und der ihn berufende Gott: Jahwe.

Die Erzählung ist klar erkennbar theologisch motiviert. Israel soll seine Identität als Volk Jahwes gewinnen. Aus der Geschichte von Familien (die Sippen Abrahams, Isaaks, Jakobs) und aus der Geschichte von Stämmen (die zwölf Stämme entsprechend den zwölf Söhnen Jakobs) soll die Geschichte des Volkes werden: Israel als Jahwes Eigentum und Heiligtum! Die Josefsgeschichte steht im Dienste der Selbstreflexion des Volkes Israel auf seinem künftigen Weg vor Gott und mit Gott. Die Sippe Jakobs muss erst nach Ägypten, muss dort sich vermehren, muss dann die Erfahrung von Unterdrückung machen, um sich im Exodus als von Gott *befreites Volk* zu erfahren, muss dann durch die Wüste wandern, um als Volk zusammenzuwachsen und in seiner Treue zu dem neuen Gott Jahwe geprüft zu werden. Das Volk muss am Fuße des Sinai ausharren, um sich trotz aller Widerspenstigkeit und Sündenverfallenheit auf die Gebote Gottes selbst zu verpflichten.

Die Josefsgeschichte endet nicht zufällig mit dem Segen Jakobs für alle zwölf Söhne (beziehungsweise Stämme: Genesis 48) – im Vorgriff auf die Landnahme in Kanaan, wo diese Stämme dann einen Stammesverband bilden werden. Theologisch ist die Josefsgeschichte damit ein Modellfall für das Verhalten Jahwes gegenüber Israel und seinen zwölf Stämmen, eine Art Manifest. Wer es gelesen hat, sollte begriffen haben: Gott setzt trotz allem Widrigen, Sündhaften, Verbrecherischen, das Menschen sich und Gott antun können, seinen Segen durch. Böses kann von Gott zum Guten gewendet werden. Aus Unheils- können Glückserfahrungen werden. Die *theologische Pointe* der biblischen Josefsgeschichte steht denn auch an dessen Ende, als Jakob bereits tot ist und Josef mit seinen Brüdern nach der Beisetzung in der Höhle von

Machpela (Hebron) nach Ägypten zurückgekehrt
war:

Ihr habt Böses gegen mich im Sinne gehabt, Gott aber hatte
dabei Gutes im Sinn, um zu erreichen, was heute geschieht:
viel Volk am Leben zu erhalten. (Gen 50,20)

Ein zweiter Komplex ist an der biblischen Josefsgeschichte bis heute bemerkenswert: das *Bild Ägyptens.*
Wer die Stichworte Ägypten und Bibel zusammen
denkt, denkt in der Regel an die Konfrontation zwischen Mose und dem Pharao, denkt an den Frondienst
Israels in Ägypten, die zehn Plagen für das Regime des
Pharaos, an den Exodus und die Vernichtung des ägyptischen Verfolgungsheers im Roten Meer. Wer also im
Kontext der Hebräischen Bibel an Ägypten denkt,
denkt an eine Unterdrückungs-, Konfrontations- und
Befreiungsgeschichte. Überblendet wird dadurch ein
völlig anderes Ägypten-Bild: das des Buches Genesis.
Dieses Bild steht nicht im Zeichen der Konfrontation
und der Abstoßung, sondern im Zeichen der Verflechtung der Völker und der friedlichen Koexistenz der Le-
bensweisen.

Das gilt insbesondere für die Josef-Erzählungen.
Ägypten spielt hier eine so überragende Rolle wie in
der ganzen Hebräischen Bibel nicht mehr. Das Ägypten-Bild der Kapitel 37-50 des Buches Genesis muss
damit im Lichte der Konfrontation gelesen werden,

von der gleich anschließend im Buche Exodus erzählt wird. Und umgekehrt: Die Konfrontation zwischen Ägypten und Israel muss im Lichte des Miteinanders gelesen werden, von dem die Josefsgeschichte erzählt. Beide Überlieferungen deuten sich somit gegenseitig. Beide Geschichten sind Teile ein und derselben Tora. Offensichtlich wurden uns bewusst zwei unterschiedliche Traditionen und Erfahrungsstränge überliefert, die theologisch zueinander in Beziehung gesetzt werden müssen: der Einzug nach Ägypten und der Auszug aus Ägypten.

Wir Leser sind seither mit *zwei Theologien des Anderen* konfrontiert: der der Abwehr und der Verurteilung alles Fremden und Fremdgläubigen für Israel. Das ist die Tradition des Separatismus, Exklusivismus, der Abspaltung und Abstoßung, um die eigene Identität profilieren zu können. Ihr gegenüber steht eine völlig andere Konzeption. Sie steht im Zeichen der Verflechtung, des Miteinanders und der gegenseitigen Akzeptanz bis in den Bereich des Religiösen hinein. Das *Einzigartige* der biblischen Josef-Erzählung besteht gerade in der Selbstverständlichkeit, mit der hier noch koexistieren kann, was später aufeinanderprallt.

Josef in Ägypten – das heißt im Klartext: Einer der Stammväter Israels befindet sich in einem Heidenland, im Land des krudesten Polytheismus, in einem Land, an dessen Spitze ein Gott-König herrscht. Fremder könnte der ganze ägyptische Religionsbetrieb einem

Juden kaum sein. Doch von einem Abscheu vor dem Fremden ist in den Erzählungen nichts zu spüren. Im Gegenteil: Schon dem großen protestantischen Alttestamentler Claus Westermann war in seinem wegweisenden Kommentar zum Buche Genesis aufgefallen, dass die Schilderung ägyptischer Verhältnisse hier den «Charakter einer ersten Begegnung» habe (Genesis, Kap. 37-50, Neukirchen-Vluyn 1992, S. 18). Auffällig ist in der Tat, dass «Ägypten» hier wie das Erlebnis von etwas ganz Neuem geschildert wird. Als sei Israel zum ersten Mal mit der «großen Welt» in Berührung gekommen, so spürbar ist das Staunen über diese Kultur – mit all den wirtschaftlichen und politischen Institutionen eines Weltreichs, mit all den Mächtigen und Gewaltigen in diesem Imperium. Es ist, als würde zum ersten Mal wahrgenommen, was sich in dieser faszinierenden Welt abspielt, so detailliert wird das Phänomen «Ägypten» beschrieben: seine Administration und Hofhaltung, sein Ständewesen, sein Strafvollzug, sein Hofpersonal mit all seinen Titeln und Posten (Oberbäcker, Obermundschenk), das Absetzen und Einsetzen von Beamten, die seltsamen Bestattungsrituale mit der Einbalsamierungspraxis und vieles andere. Das alles macht unserem Erzähler sichtlich Lust, hat er doch eine ungemein farbige Kulisse und einen ungewöhnlich dramatischen Stoff vor sich.

Und die *ägyptische Religionspraxis?* Auch sie wird auffälligerweise ohne ein Wort der Distanz geschildert.

Mehr noch, die Geschichte legt größten Wert auf die Feststellung, dass der heidnische Gott-König zum Instrument von Gottes Plan wird. Stereotyp kehrt die Wendung wieder: «Gott sagt dem Pharao an, was er vorhat» (Gen 41,25.28.32). Ja, der Pharao erkennt in Josef sogar einen Mann, «in dem der Geist Gottes wohnt» (Gen 41,38). Deutlicher kann man den Pharao kaum für den jüdischen Jahwe-Glauben vereinnahmen. Dadurch aber kommt es zu einer der faszinierendsten Szenen in der Hebräischen Bibel überhaupt: zur Erhebung des ehemaligen Sträflings zum Herrscher über Ägypten. Er, der ganz unten war, der Verkaufte, Verratene, Denunzierte und Verlorene, ist jetzt ganz oben: eine Art Vize-Gott auf Erden, der nur noch den Gott-König persönlich über sich hat. Noch haben wir als Leser ja das verächtliche Wort der sexuell frustrierten Frau des Potifar über Josef im Ohr: «hebräischer Sklave» (Gen 39,17). Jetzt sieht man denselben das königliche Haus regieren und über das königliche Siegel verfügen, ein Vorgang übrigens, der historisch nicht unbezeugt ist, lassen sich doch kanaanäische Sklaven historisch nachweisen, die in Ägypten führende Stellen einnehmen konnten. Aber in unserer Erzählung kommt es an dieser Stelle zu einer dramatischen Steigerung und faszinierenden Wendung. Der Pharao sagt zu Josef:

Nachdem dich Gott all das hat wissen lassen, gibt es niemand, der so klug und weise wäre wie du. Du sollst über

meinem Hause stehen, und deinem Wort soll sich mein ganzes Volk beugen. Nur um den Thron will ich höher sein als du. […] Hiermit stelle ich dich über ganz Ägypten.
(Gen 41,39–41)

Und dann nimmt der Pharao den Siegelring von seiner Hand und steckt ihn Josef an. Er gibt ihm Kleider aus Byssus und schmückt ihn mit einer goldenen Kette. Er lässt ihn seinen zweiten Wagen besteigen, und von jetzt an ruft man, wenn Josef vorbeifährt, aus: Achtung! Auf diese Weise herrscht er nun über «ganz Ägypten» nach dem Wort des Pharaos:

Ich bin der Pharao, aber ohne dich soll niemand seine Hand oder seinen Fuß regen in ganz Ägypten. (Gen 41,44)

Ja, von diesem Punkt an kommt es zu einer einzigartigen religiös-kulturellen Integration eines der Stammväter des jüdischen Volkes in eine Fremdkultur und Fremdreligion. Die Elemente sind:

(1) *die äußerliche Anpassung in der Kleidung und in der Machtstellung.* Derselbe Josef, der von seinen Brüdern in eine Zisterne und von seinem ersten ägyptischen Herrn ins Gefängnis geworfen worden war, reist nun auf einem Prunkwagen durch das Land und genießt eine Respektbezeugung, wie sie sonst nur einem Gott-König gebührt.

(2) *die Übernahme eines ägyptischen Namens.* Josef

heißt auf Geheiß des Pharaos von nun an Zafenat-Paneach, «Gott spricht: Er lebt». Auch hier fällt auf, wie sorgfältig der Name gewählt ist. Normalerweise wird in ägyptischen Namen die Gottheit direkt genannt: «Die Gottheit NN spricht, es (das Kind) möge leben». Bei Josef ist es anders; er hat keine wortgleiche Parallele im ägyptischen Namenskorpus. In seinem Namen ist das Göttliche anonymisiert. Der Erzähler kennt sich offensichtlich so gut im Ägyptischen aus, dass er diese Modifikation bewusst vollzieht, ist doch unvorstellbar, dass Josef als Hebräer einen ägyptischen Gottesnamen direkt als Ehrenbezeichnung trägt.

(3) *Heirat mit einer Ägypterin.* Auf Geheiß des Pharaos heiratet Josef Asenat (41,50–52), ein Name, der übersetzt lautet: «Der Göttin Neith Gehörige». Diese Dame ist ausgerechnet die Tochter des Oberpriesters von On, womit Heliopolis nordöstlich von Kairo gemeint sein dürfte. Der Tempel in On ist ein Zentrum des Sonnenkultes, und der Hohepriester dieses Tempels ist einer der vornehmsten Priester. Josef ist damit in den ägyptischen Adel aufgenommen. Auch hier beachte man: Für den Erzähler der Josefsgeschichte sowie seine Hörer und Tradenten ist es offenbar nicht anstößig, dass Josef der Schwiegersohn eines Priesters des Gottes Re wird, ja dass er als ein hoher Beamter am ägyptischen Staatskult beteiligt ist. Ebenfalls nicht anstößig ist, dass Josef mit der ägyptischen Priestertochter zwei Söhne zeugt: Manasse und Efraim. Wir haben hier

das biblische Urmodell einer interkulturellen und interreligiösen Ehe vor uns. Aus dieser gehen immerhin zwei Gründungsväter von Israels Stämmen hervor!

(4) *Israels Stammvater Jakob zieht ebenfalls nach Ägypten.* Er ist der Mann, der nach einem Gotteskampf den alles entscheidenden Namenswechsel erfuhr: «Nicht mehr Jakob wird man dich nennen, sondern Israel (Gottesstreiter); denn mit Gott und Menschen hast du gestritten und hast gewonnen» (Gen 32,9). Jakob/Israel ist neben Abraham und Isaak die dritte große Identifikationsfigur des israelitisch-hebräisch-jüdischen Glaubens. Entsprechend «kühn» ist die Schilderung der Begegnung Jakobs mit dem ägyptischen Gott-König (Gen 47,7–10), die Thomas Mann denn auch im vierten Band seines Josephsromans (Siebentes Hauptstück: «Jaakob steht vor Pharao») glänzend zu schildern versteht. Kein Wort der Konfrontation, im Gegenteil: In Eintracht sind beide miteinander verbunden, obwohl ihre Welten verschiedener nicht sein könnten. Sie führen ein Gespräch über menschliche Grundfragen: Wie alt bist du? Wie ist dein Leben verlaufen? Am Ende segnet Jakob den Pharao! Mehr noch: Das letzte Kapitel der biblischen Josef-Erzählung liefert uns Lesern noch einmal eine grandiose Szene: Jakob wird nicht nur nach ägyptischer Sitte einbalsamiert, Jakob bekommt auch ein Beerdigungsritual inszeniert, das seinesgleichen sucht. An der Leiche eines der Stammväter Israels stehen nicht nur seine Kinder, Josef und dessen Brüder,

sondern am Leichenzug beteiligen sich auch – wie es ausdrücklich heißt – «alle Hofleute des Pharao, die Ältesten seines Hofes und alle Ältesten Ägyptens» (Gen 50,7). Als sie nach Kanaan kommen, halten Ägypter und Kanaaniter friedlich nebeneinander die Totenklage für Jakob (Gen 50,10f.) Was für ein Bild: Ägypter, Hebräer und Kanaaniter friedlich vereint am Grabe des Stammvaters Israel!

Wann beginnt man eine solche Geschichte zu erfinden? Was sind die kulturellen Ausgangsbedingungen, die eine solche Geschichte erzählen lassen? Exegeten haben sich diese Frage immer wieder gestellt: Was könnte der Entstehungsort und die Entstehungszeit für solche Texte gewesen sein? Worauf reagieren sie? Welche Botschaft für welche Zeit wollen sie vermitteln?

Die Antworten sind vielfältig, weil die Texte selber vielfach nur Spekulationen erlauben. Historisch ist ihnen nun einmal nichts abzugewinnen, so dass sie in den heute maßgebenden Geschichten Israels kaum Erwähnung finden. Konsens besteht weitgehend darin, dass wir es bei den Josef-Erzählungen nicht mit einem historischen Ägypten zu tun haben, sondern mit einem «perspektivischen», einem fiktionalen Ägypten. Dies gilt sowohl für das Ägypten-Bild der Erzählung selbst, wie auch für das Ägypten, das dem Ersterzähler und den weiteren Redaktoren als zeitgenössische Realität vor Augen gestanden haben muss. Bewusst bekommen wir keine direkte zeitliche Einordnung vermittelt; der Name des Pharaos und andere geschichtliche Einzelheiten bleiben unerwähnt. Damit ist es unmöglich, Josefs Pharao einer bestimmten Zeit und einem konkreten Ort zuzuweisen. Wir haben es hier also mit Ägypten als «Phänomen», als Handlungskulisse zu tun, kenntnisreich ausgeschmückt, aber nicht über das hinausgehend, was «man» in Israel wohl über Ägypten allgemein wusste. So wundert es nicht, dass alle zeitlichen Zuordnungen für die Entstehung des Textes äußerst unterschiedlich sind. Ich nenne nur drei heute vertretene Erklärungsmodelle:

– Spiegeln die Josef-Erzählungen Erfahrungen Israels zur Zeit des davidisch-salomonischen Königtums wider? Jedenfalls war dies nicht eine Zeit der Abwehr oder gar der Verurteilung des Fremden, sondern der Integration, des Austausches, des Gebens und Nehmens.

– Ist die Josef-Erzählung eine Legitimierung des Anspruchs der Josef-Stämme auf das Königtum? Haben wir es hier mit einer Art «Schlüsselroman» für den ersten König des Nordreichs, Jerobeam I. (939–910), zu tun, der wie Josef nach Ägypten entkommt und von dort aus zur Königsherrschaft gelangt (vgl. 1 Kö 11)?

– Reflektiert die Josefsgeschichte den Konflikt zwischen dem Stammland Israel und dem Diaspora-Judentum nach dem Babylonischen Exil? Die Zeit nach dem Exil war eine Periode gewesen, in der der Aufenthalt von Juden außerhalb Palästinas zum Problem für Identität und Selbstbewahrung wurde.

Wie auch immer die historischen Fragen zu entscheiden sind, das theologische «Programm» der biblischen Josefsgeschichte lässt sich in doppelter Weise zusammenfassen:

(1) Als Geschichte von einem alle Religionsgrenzen sprengenden, alle Kulturen und Religionen umgreifenden universalen *Gottessegen*. Das ganze Kapitel 49 ist nicht zufällig diesem Segen durch den Urvater Jakob gewidmet. Hier findet sich ein einzigartiger Segensspruch, der dann in Thomas Manns *Joseph*-Projekt an zentraler Stelle wieder auftauchen wird. Über Josef wird dieser Segen gesprochen:

Gott, der Allmächtige, er wird dich segnen
mit Segen des Himmels von droben,
mit Segen tief lagernder Urflut,
mit Segen von Brust und Schoß.
Deines Vaters Segen übertrifft
den Segen der uralten Berge,
den man von den ewigen Hügeln ersehnt.
Er komme auf Josefs Haupt,
auf das Haupt des Geweihten der Brüder.
(Gen 49,25 f.)

Auch Gottes Segen für das Haus des Ägypters Potifar und für den ägyptischen König ist in dieser Linie zu sehen. Für den Erzähler der Josefsgeschichten ist es noch selbstverständlich, dass der Segen Jahwes überströmen kann auf ein fremdes Volk und auf Angehörige einer fremden Religion, mit denen Jahwe im Blick auf sein Volk eine positive Absicht verbindet. Hier werden Linien sichtbar, die bis zur Abraham-Geschichte zurückreichen: «Wer dich segnet, den will ich segnen; und wer dich verflucht, den will ich verfluchen.» (Gen 12,1) Israelsegen und Völkersegen gehören zusammen. Die Religionstheologie der Josefsgeschichte ist also die Konkretion einer Theologie des Anderen, des Fremden, die im Bund Noachs mit der Schöpfung und im Völkersegen Abrahams ihre tiefsten Wurzeln hat. Daraus folgt:

(2) Die Josefsgeschichte ist eine theozentrisch ausgerichtete Glücksgeschichte. Entscheidend ist die Erkenntnis, dass Gott alles Geschehen durch alle Verbrechen und alle Schuld des Menschen hindurch ins Gelingen wendet. Gott wirkt in allem Geschehen, und alles fügt sich im *Nachhinein* dem göttlichen Plan entsprechend zum Guten. Josefs Geschichte ist eine positive Theodizee-Geschichte, die buchstäblich Gott ins Recht setzt – gemäß der Schlusserkenntnis, die Josef seinen Brüdern vermittelt:

Ihr habt Böses gegen mich im Sinne gehabt. Gott aber hat dabei Gutes im Sinn, um zu erreichen, was heute geschieht: viel Volk am Leben zu erhalten. (Gen 50,20)

Und der Koran?

II. Josef im Koran

Liest man Sure 12, ist man zunächst verblüfft, wie ähnlich die *Grundstrukturen* der biblischen und der koranischen Josefsgeschichte sind:

(1) Auch der Koran beginnt mit dem Konflikt zwischen Josef und den Brüdern, dem Eifersuchtsdrama um den bevorzugten Sohn, dem Verbrechen an Josef, seinem Verkauf und seinem Transport nach Ägypten (Sure 12,4–21).

(2) Auch der Koran verlegt sodann den Schauplatz des Geschehens in das Haus eines Ägypters, dessen Frau ebenfalls versucht, Josef zu verführen, mit dem Ergebnis, dass Josef ins Gefängnis geworfen wird (Sure 12,22–35). Beide Ägypter bleiben anonym.

(3) Auch im Koran kann Josef Mithäftlingen Träume deuten. Einen der Häftlinge bittet er, gegenüber seinem Herrn, dem König von Ägypten, an ihn zu denken, wenn er wieder freikommt (Sure 12,36–42).

(4) Auch im Koran wird Josef vor den Pharao geholt, um ihm Träume zu deuten. Auch hier kann er den

König durch seine Fähigkeiten beeindrucken, und er steigt in höchste Machtstellungen auf (Sure 12,43–57).

(5) Auch der Koran schließt die Josefsgeschichte ab mit dem Komplex: Wiederbegegnung mit den Brüdern, Spiel mit den Brüdern, Wiederbegegnung mit Benjamin, Selbstpreisgabe vor den Brüdern, Versöhnung mit dem Vater (Sure 12,58–101).

(6) Auch der Koran beendet die Geschichte mit einer Belehrung (Sure 12,102–111), die auf die Gegenwart des Zuhörers oder Lesers verweist. Sie wird daher durch zwei Botschaft-Signale eingerahmt: Sie beginnt mit dem Satz: «In Josef und in seinen Brüdern, da liegen Zeichen für die Fragenden» (Sure 12,7), und sie endet nicht zufällig mit dem Hinweis, sie sei eine «Ermahnung für die Weltbewohner!» (Sure 12,104).

Doch bei aller Übereinstimmung in der Grundstruktur ist die koranische Fassung der Josefsgeschichte eine ganz eigene. Das beginnt mit dem Umfang des Textes. Die biblische Fassung erstreckt sich über 383 Verse, während die koranische nur 111 umfasst. Die erzählte Zeit ist in der Bibel erheblich länger: Im Koran endet die Erzählung mit dem Einzug Jakobs und seiner Familie in Ägypten, im Buche Genesis endet sie mit Josefs Tod im Alter von 110 Jahren. Die biblische Geschichte geht also etwa achtzig Jahre über die koranische hinaus. Auch Technik und Struktur der Erzählung sind ganz unterschiedlich: Die koranische Version wird von Dialogen dominiert, einem Theaterstück vergleichbar mit Akten und Szenen. In den Sequenzen, in denen die Dialogform zur Erzählerperspektive wechselt, wird klar, dass Gott selbst der Erzähler ist. Die biblische Geschichte dagegen wird aus der Sicht einer unbekannten Person geschildert.

Unterschiedlich ist auch die *Gesamtgestalt* beider Geschichten. Während die biblische Josefsgeschichte in die Vorgeschichte der Väter-Erzählung und die Nachgeschichte des Auszugs aus Ägypten eingebettet ist, steht die Josefsgeschichte des Korans wie ein isolierter Block da, ohne Verbindung zu einer Vor- oder einer Nachgeschichte. An einer Verzahnung mit den Väter-Geschichten vorher und der Volksgeschichte Israels nachher ist der Koran nicht interessiert. Warum auch? Er braucht Josef für etwas anderes. Deshalb konzentriert er sich auf die Figur allein – und zwar in einer sehr spezifischen Komposition. Die einzelnen Strukturelemente der Josefsgeschichte sind zwar angeordnet wie im Buch Genesis, aber innerhalb der Blöcke zum Teil erheblich verändert – und zwar durch (1) Stilisierung, durch (2) Ummotivierung, durch (3) Erweiterung, durch (4) Verknappung oder (5) durch kompositorische Umstellung des «Materials». Konkret heißt das:

(1) Die Genesis ist bei aller *Stilisierung* (nicht ein «reales», sondern ein «fiktives» Ägypten steht hier vor uns) erzählerisch an einer Fülle von Details aus der Welt des Josef interessiert. Eine bunte, reiche, schillernde Welt

wird uns Lesern vor Augen gestellt. Während die Genesis also vergeschichtlicht, entgeschichtlicht der Koran. An konkreten Namen sind nur noch Josef und Jakob übrig geblieben. Die übrigen Namen werden offensichtlich nicht gebraucht. Warum nicht? Sie würden den Blick auf das Wesentliche der Botschaft verstellen. Was ist das Wesentliche der Botschaft?

(2) Schon im ersten Block der Geschichte, der Intrige der Brüder gegen Josef, ist beim Verhalten Jakobs eine deutlich *andere Motivierung* zu erkennen. Im Buch Genesis liebt Jakob zwar Josef unter allen Söhnen «am meisten», ist aber erzürnt, als dieser ihm von seinen Hoheits-Träumen erzählt. (Ährengarben verneigen sich tief vor einer Garbe; Sonne, Mond und Sterne verneigen sich vor Josef.) Jakob ist ungehalten (Gen 37,10). Zwar ist auch im Koran Jakob gegenüber Josefs Hoheits-Traum zurückhaltend (Sure 12,5), tritt jetzt aber selber als Traumdeuter auf, der Josefs Schicksal vorausdeutet. Jakob ist nicht ungehalten über Josefs Traum, sondern betrachtet ihn als Zeichen einer besonderen Gnade Gottes für seinen Sohn (Sure 12,6).

Dieselbe Rolle spielt Jakob anschließend gegenüber den Brüdern. Im Buch Genesis schickt Jakob Josef zu den Brüdern, damit er sich nach deren Befinden erkundige (Gen 37,14). Erst danach, als die Brüder Josefs gewahr werden, beschließen sie, «ihn umzubringen» (Gen 37,18). Entsprechend kann der ahnungs- und arglose Vater von ihnen mit einer Lüge über Josefs

Tod in Trauer versetzt werden (Gen 37,33–35). Im Koran dagegen beschließen die Brüder aufgrund der Vorzugsstellung Josefs von vornherein, ihn umzubringen. Um dies tun zu können, lassen sie sich Josef von Jakob anvertrauen. Jakob aber ahnt jetzt, dass Josef Unheil geschehen wird. Noch denkt er an einen Wolf, der seinen Sohn fressen könnte, was die Söhne für ihr Verbrechen schamlos ausnutzen, um dem Vater eine – von ihm bereits ins Kalkül gezogene – Erklärung als Lügenmärchen aufzutischen. Der koranische Jakob ist daher aufgrund seiner Vorahnung nicht so erschüttert wie der biblische, sondern eher gefasst: «Da heißt es: Schön geduldig sein»! (Sure 12,18) Warum aber diese andere Motivierung bei Jakob? Warum braucht der Koran sie? Sie drückt das Wesentliche der Botschaft aus. Was ist das Wesentliche dieser Botschaft?

(3) Die Geschehnisse im Haus des Ägypters (der biblische Name Potifar wird nicht tradiert) sind im Koran im Stile der *Erweiterung* erzählt, ebenfalls mit neuen *psychologischen Akzenten*. Während die Genesis keinen Zweifel daran lässt, dass Josef ausschließlich Opfer der sexuellen Verführungskünste der Frau ist, denen er standhaft widersteht, während das biblische Buch die Geschichte so erzählt, dass die verschmähte Frau zumindest ein Indiz in der Hand behält, um Josef nach außen als Ehebrecher erscheinen zu lassen (das Gewand, das sie Josef entrissen hatte), und während in der biblischen Josefsgeschichte dieses Indiz ausreicht, um ihn ins Ge-

fängnis zu bringen, hat der Koran bei der Verführungs-
geschichte ganz andere Interessen. Zwar geht auch in
Sure 12 die Verführung zunächst von der Frau aus, aber
ausdrücklich wird mitgeteilt, dass auch Josef «sie wohl
begehrt» habe (Sure 12,24). Nur ein «Zeichen» von
«seinem Herrn» (Sure 12,24) habe ihn widerstehen
lassen. Der Koran ist also daran interessiert, Josef in dieser Frage menschlicher erscheinen, ihm zugleich aber,
aufgrund seiner göttlich motivierten Widerstandsfähig-
keit, volle Gerechtigkeit widerfahren zu lassen.

Dies gelingt dem Koran dadurch, dass er dem
Mann der Ägypterin (dem biblischen Potifar) eine
ganz eigene Rolle zumisst, die der biblischen Josefsgeschichte unbekannt ist. Der Mann der Ägypterin
nämlich lässt das zerrissene Kleid des Josef untersuchen.
Ein Zeuge aus ihrer Familie tritt auf, und die Tatsache,
dass der Rock des Beschuldigten *hinten* zerrissen ist,
lässt ihn überzeugt sein, dass die Frau lügt und Josef die
Wahrheit sagt. Der Ehemann schließt sich dieser Über-
zeugung an, und zwar mit der überraschend nüch-
ternen Feststellung: «Siehe, Ränkespiele von euch Frau-
en! Ja, eure Ränkespiele sind gewaltig.» (Sure 12,28)
Der Ehemann dieser Ägypterin hat offensichtlich
schlechte Erfahrungen gemacht. Sein Frauenbild ist so
negativ, dass er der eigenen Ehefrau die Verführung
Josefs zutraut. Mit größter Selbstverständlichkeit kann
er deshalb seine Frau auffordern, Gott für ihre Schuld
«um Verzeihung» zu bitten. Sie sei «eine von den Sün-

digen» (Sure 12,29). Ganz anders als die Bibel ist der Koran somit an Gerechtigkeit für Josef interessiert.

Gleichzeitig entlastet der Koran aber auch die Ägypterin. Thomas Mann hat die nun folgende, nur im Koran überlieferte Szene im dritten Band seines Josephsromans in brillanter Weise erzählerisch ausgestaltet (Siebentes Hauptstück: «Die Damengesellschaft»). Die Ägypterin lädt andere Frauen zu einem Gastmahl in ihr Haus, Frauen, von denen sie offensichtlich weiß, dass sie über ihre Verliebtheit geklatscht haben. Sie gibt jeder der Frauen ein Obstmesser in die Hand. Dann lässt sie Josef auftreten. Bei seinem Anblick sind die Frauen so überwältigt, dass sie sich mit dem Messer in die Hand schneiden; sie halten Josef für einen «edlen Engel». Die Frau des Ägypters kann sich entlastet fühlen. In einen so schönen Mann kann man sich wirklich nur verlieben! Gleichzeitig ist auch sie jetzt bereit, Josef Gerechtigkeit widerfahren zu lassen:

Sie sprach: «Genau der ist es ja, um dessentwillen ihr mich
    tadeltet.
Ich wollte ihn verführen, doch er blieb standhaft.
Und wenn er nun nicht tut, wie ich es ihm befehle,
so wird er eingesperrt und ist dann einer der
    Geringgeachteten.»
Er sprach: «Mein Herr! Der Kerker ist mir lieber
als das, wozu die Frauen mich nun bringen wollen.»
(Sure 12,32 f.)

Eine seltsame Bitte an Gott: Ein Mann wünscht sich eher die Gefangenschaft des Staates als die «Gefangenschaft» einer verführerischen Frau. Lieber ins Gefängnis als ins Bett, lieber in die Kühle des Kerkers als ins Chaos der Gefühle. Der Wurf ins Gefängnis wird denn auch im Koran nicht wie in der Bibel als reiner Willkürakt geschildert mit Josef als passivem Opfer einer rachsüchtigen Frau, sondern als bewusste Entscheidung Josefs, der sich durch den Gefängnisaufenthalt vor weiterer erotischer Nachstellung schützen will. Der Koran will also Josef als moralisch gefestigten und tugendhaften Menschen erscheinen lassen. Warum ist das so? Das hat mit der Botschaft dieser Josefs-Sure zu tun. Was ist diese Botschaft?

(4) Die Blöcke III und IV der Josefsgeschichte werden im Koran viel knapper erzählt als in der Bibel. Der Koran beschränkt sich bei der Traumdeutung im Gefängnis, der Begegnung mit dem Pharao und Josefs Aufstieg in höchste Ämter auf das Wesentliche: Er rafft, verknappt, konzentriert. In der Genesis werden die Träume der Mitgefangenen, des königlichen Mundschenks und des Hofbäckers, ausführlich wiedergegeben. Der Koran beschränkt sich jeweils auf einen einzigen Satz (Sure 12,36). Es ist, als wolle der Koran dieses Motiv «mitnehmen», um Josef als einen von Gott belehrten Menschen darzustellen. Der koranische Josef nutzt nämlich die Traumdeutung vor allem, um auf den Gott hinzuweisen, dem er zu folgen gelernt hat. Lapidar

teilt er den Träumern in zwei Sätzen das Wesentliche mit (Sure 12,41), aber vorher erteilt der koranische Josef seinen Mitgefangenen eine Lektion in Sachen «wahrer Glaube». Auf einmal steht er da wie ein Prediger, der keine Chance auslässt, seine Botschaft unters Volk zu bringen (Sure 12,37–40).

Wir bekommen gerade aufgrund dieser Stelle eine Ahnung, worum es Sure 12 theologisch geht. Aber bevor wir den Gedanken endgültig entwickeln, betrachten wir das Gespräch *Josefs mit dem Pharao*. Auch dieses wird im Koran so knapp wie möglich geschildert. Psychologisch plausibler als in der Bibel freilich ist, dass der koranische Josef nicht wie der biblische sofort zum Pharao geholt wird, um dessen Traum zu deuten. Im Koran wird zunächst der Sklave (der sich an Josef erinnert) zu Josef *ins Gefängnis* geschickt. Josef erfährt den Traum des Königs von ihm. Dann deutet er ihn, und der Sklave kommt mit dieser Traumdeutung zum König zurück. Erst dann fordert dieser den Sklaven auf, Josef zu ihm zu bringen.

Seltsam freilich: In dem Moment, als der Bote Josef im Gefängnis bittet, mit ihm zum Pharao zu kommen, rührt dieser die alte Geschichte um die Verführung wieder auf (Sure 12,50). Noch überraschender: Auch der König geht sofort auf diese Geschichte ein. Ohne die geringste Überleitung lässt Sure 12 gleich im nächsten Vers den König im Gespräch mit den betroffenen Frauen die Sache aufgreifen (Sure 12,51 f.). Psychologisch ist auch dies konsequenter als in der Bibel. Denn als Leser der biblischen Josefsgeschichte kann man sich ja fragen, warum der Pharao einen Mann aus dem Gefängnis holt und ihm vertraut, der wegen sexueller Belästigung im Gefängnis sitzt und dessen Schuld doch offensichtlich war? Der Koran umschifft diese Frage nicht. Deshalb muss die Frau des Ägypters noch einmal auftreten und nun auch öffentlich Josef entlasten. Auf diese «Klarlegung» legt der Koran größten Wert.

Doch bemerkenswert ist auch dies: An dieser Stelle thematisiert der koranische Josef seinen eigenen Anteil an der Verführungsszene. Schon vorher war uns ja mitgeteilt worden (Sure 12,24), dass Josef die Frau «wohl begehrt» habe. Dieses Motiv wird jetzt noch einmal verstärkt, wenn Josef zum König sagen kann:

«Und meine Seele spreche ich nicht frei – die Seele lenkt ja hin zum Bösen –
nur dann nicht, wenn mein Herr Erbarmen zeigt.»
(Sure 12,53)

Wir halten einen Moment inne und spüren diesem Satz noch einmal nach: «Die Seele lenkt ja hin zum Bösen». Der Koran lässt an dieser Stelle etwas von dem erkennen, was man das «Rätsel Mensch» nennen kann, das «Rätsel des Bösen». Wenn auch das Motiv «Verführung zum Bösen», «Verlangen nach Bösem» hier vergebungstheologisch funktionalisiert erscheint (weil es das Böse gibt, braucht es die Vergebungsbereitschaft Gottes), so gewinnt doch diese Auskunft – im Kontext der Josefsgeschichte – eine anthropologische Valenz, welche die Hebräische Bibel an dieser Stelle nicht kennt.

(5) Ähnlich überraschende Eigentümlichkeiten weist auch der letzte Block der Erzählung auf, der von der *Wiederbegegnung und Wiederversöhnung* mit den Brüdern und dem Vater handelt. Zwar kennt der Koran wie die Genesis zwei Reisen der Brüder Josefs nach Ägypten zur Proviantbeschaffung. Auch im Koran wird die zweite Reise durch Josefs Forderung motiviert, den jüngsten Bruder (biblisch: Benjamin) nach Ägypten zu bringen. Doch die Figurenzeichnung und der Erzählduktus sind im Koran völlig anders. Während in der Genesis auch in diesem Teil der Erzählung Jakob der Verzweifelte und gegenüber dem weiteren Verhalten der eigenen Söhne Skeptische bleibt («Ihr bringt mich um meine Kinder [...] Nichts bleibt mir erspart», Gen 42,36), vertraut Jakob im Koran nach wie vor unbegrenzt Gott, obwohl er weiterhin seinen Söhnen (in Sachen Benjamin-Reise) misstraut:

Doch Gott ist als Beschützer besser,
und er ist der barmherzigste Erbarmer.
(Sure 12,64; vgl. auch 12,67)

Selbst auf dem Höhepunkt der Intrige Josefs gegen seine Brüder, als er damit rechnen muss, dass ausgerechnet Benjamin, der fälschlich des Diebstahls beschuldigt wird, einer Strafe entgegensieht, bleibt Jakob gelassen:

Nein, selber habt ihr euch da etwas eingeredet.
Da heißt es: Schön geduldig sein!
Vielleicht bringt Gott sie allesamt mir wieder her.
(Sure 12,83)

Noch interessanter ist der Stellenwert der *Wiedererkennungsszene* in der koranischen Josefsgeschichte. Während die Bibel alles tut, um die Selbstenthüllung Josefs vor seinen Brüdern bis zum letzten Moment hinauszuzögern und so die Spannung möglichst lange auszukosten (erst nach dreieinhalb Kapiteln offenbart sich Josef *allen* Brüdern auf einmal, Gen 45,3), nimmt der Koran die Spannung aus der Geschichte heraus, in dem er die Wiederentdeckungsszene aufteilt: Josef offenbart sich zunächst Benjamin und dann den Brüdern. Psychologisch wird dies Benjamin gegenüber so motiviert:

Und als sie nun zu Josef traten, da nahm er seinen Bruder zu
*   sich.*
Er sprach: «Siehe, ich bin dein Bruder!
So sollst du nicht mehr traurig sein über das, was sie einst
*   taten!»*
(Sure 12,69)

Sure 12 braucht dies, weil sie in der gleich anschließend erzählten Passage über die Intrige Josefs gegen seine Brüder (mit Benjamin als fälschlich beschuldigtem Dieb) Josef nicht als Zyniker und Benjamin nicht als bloßes Instrument dastehen lassen will. Ähnlich verhält es sich in der wenig später erzählten Wiedererkennungsszene mit den Brüdern (Sure 12,89 f.).

Wir erreichen nun nach fünf Anläufen den Punkt, wo wir die Frage nach der Botschaft der koranischen Josefsgeschichte beantworten können. Auch kann die Frage beantwortet werden, ob es bei allen Unterschieden in der theologischen Programmatik eine Übereinstimmung zwischen den Josefsgeschichten in Bibel und Koran gibt. Die Antwort muss lauten: Beide Erzählungen sind theozentrisch ausgerichtete Glücksgeschichten. Entscheidend ist auf beiden Seiten die Erkenntnis, dass Gott das Geschehen durch alle Verbrechen und alle Schuld des Menschen hindurch ins Gelingen wendet. Gott wirkt *in* allem Geschehen, und alles fügt sich im *Nachhinein* dem göttlichen Plan entsprechend zum Guten. Josef ist in beiden Erzählungen der Gegen-Hiob. Seine Katastrophen führen nicht zu Zweifeln an Gott, zum Hadern, zum Rechtsstreit, sondern lassen das Gottvertrauen unerschüttert. Der biblische und der koranische Josef haben auch in Momenten ihres tiefsten Falls (als Unschuldige!) keine Hiob-Fragen. Im Gegenteil: Ihre Geschichten werden erzählt, um im und trotz allem Negativen das Vertrauen in Gottes Führung und Fügung zu stabilisieren. Dem biblischen Schlüsselsatz: «Ihr habt Böses gegen mich im Sinne gehabt. Gott aber hat dabei Gutes im Sinn» (Gen 50,20) entspricht auf koranischer Seite der Schlüsselsatz, der Vater Jakob schon früh in den Mund gelegt wird:

Da heißt es: Schön geduldig sein
und Gott anflehen ob dessen, was ihr da erzählt.
(Sure 12,18)

Insofern gilt für beide Josefsgeschichten das, was der Koran von der seinen behauptet: «In Josef und in seinen Brüdern, da liegen Zeichen für die Fragenden.» (Sure 12,7)

Die herausragende Stellung der Josefsgeschichte im Koran macht begreiflich, warum diese Erzählung in den folgenden Jahrhunderten im islamisch geprägten Orient eine mächtige Wirkung entfalten kann – jetzt aber vor allem als ergreifende Liebesgeschichte. Zu nennen sind die großen persischen Dichter Firdusi (*Yusuf und Suleika*, entstanden zwischen 1009 und 1020) und vor allem Dschami, der in seiner 1483 geschriebenen «allegorischen Romanze» zu *Yusuf und Suleika* die irdische Liebe als Spiegel und Weg zur göttlichen Liebe mystisch verklärt. Voraussetzung für diese Wirkung ist die Verselbständigung eines Motivs in der biblisch-koranischen Erzählung: das der unerfüllten Sehnsucht einer liebenden Frau. Die Ägypterin (die

Frau des biblischen Potifar, in beiden Büchern anonym) bekommt jetzt einen eigenen Namen – Suleika – und wird bei Dschami zu einer Königstochter, die in einem Traum Josef erblickt, dessen Schönheit sie mit leidenschaftlicher, verzehrender Liebe erfüllt. Eine dramatische Geschichte der Liebesverweigerung und Liebesoffenbarung schließt sich an, bis es – durch ein Eingreifen Gottes, der der mittlerweile altgewordenen Suleika Jugend und Schönheit wiedergibt – zu einer Vereinigung der Liebenden kommt. In islamischer Mystik wird diese hier gezeigte Hingabe an die Liebe zum Bild der Seele in ihrem unaufhörlichen Verlangen nach Gott.

Der altgewordene Johann Wolfgang von Goethe hat in seinem letzten großen lyrischen Zyklus *West-östlicher Divan* (1819) dem Liebespaar Yusuf und Suleika ein eigenes Denkmal gesetzt – so die Josefsgeschichte doch noch einmal rezipierend, die ihm von Kindheit an vertraut war. In Anspielung auf Dschamis Erzählung von der Begegnung zwischen Suleika und Yusuf im Traum heißt es im «Buch der Liebe» des *Divan*:

Unbekannte sind sich nah:
Jussuph und Suleika.

Im «Buch Suleika» des *Divan* wird eine Kontrasterfahrung geschildert. Während in der klassischen Literatur Suleika einen schönen Jüngling begehrt, erfährt der Sprecher der *Divan*-Texte als Altgewordener die Liebe einer jüngeren Frau und spiegelt sich entsprechend in der alten Liebesgeschichte:

Dass Suleika von Jussuph entzückt war
Ist keine Kunst,
Er war jung, Jugend hat Gunst,
Er war schön, sie sagen zum Entzücken,
Schön war sie, konnten einander beglücken.
Aber dass du, die so lange mir erharrt war,
Feurige Jugendblicke mir schickst,
Jetzt mich liebst, mich später beglückst,
Das sollen meine Lieder preisen,
Sollst mir ewig Suleika heißen.

AUS DEM
VERLAGSPROGRAMM

Weltliteratur in C.H. Beck Wissen

Hartmut Bobzin
Der Koran
Eine Einführung
7. Auflage. 2007. 128 Seiten mit 3 Abbildungen. Paperback
(C.H. Beck Wissen in der Beck'schen Reihe Band 2109)

Christoph Dohmen
Die Bibel und ihre Auslegung
3., durchgesehene Auflage. 2006. 116 Seiten. Paperback
(C.H. Beck Wissen in der Beck'schen Reihe Band 2099)

Otfrid Ehrismann
Das Nibelungenlied
2005. 128 Seiten. Paperback
(C.H. Beck Wissen in der Beck'schen Reihe Band 2372)

Christoph Levin
Das Alte Testament
3., durchgesehene Auflage. 2006. 128 Seiten. Paperback
(C.H. Beck Wissen in der Beck'schen Reihe Band 2160)

Walter Sallaberger
Das Gilgamesch-Epos
Eine Einführung
2008. 128 Seiten. Paperback
(C.H. Beck Wissen in der Beck'schen Reihe Band 2443)

Rudolf Simek
Die Edda
Germanische Götter- und Heldenlieder
2007. 128 Seiten mit 6 Tafeln. Paperback
(C.H. Beck Wissen in der Beck'schen Reihe Band 2419)

Verlag C.H. Beck

Literatur in der Neuen Orientalischen Bibliothek

Abu l-ʿAlaʾ al-Maʿarrî
Paradies und Hölle
Die Jenseitsreise aus dem «Sendschreiben über die Vergebung»
Aus dem Arabischen übersetzt und herausgegeben
von Gregor Schoeler
2002. 223 Seiten mit 3 Abbildungen. Leinen

Ibn ʿArabî
Urwolke und Welt
Mystische Texte des Größten Meisters
Aus dem Arabischen übersetzt und herausgegeben von Alma Giese
2002. 352 Seiten. Leinen

Ulrich Marzolph
Das Buch der wundersamen Geschichten
Erzählungen aus der Welt von Tausendundeine Nacht
1999. 661 Seiten. Leinen

Nizami
Die Abenteuer des Königs Bahram und seiner sieben Prinzessinnen
Aus dem Persischen übersetzt und herausgegeben
von Johann Christoph Bürgel
1997. 414 Seiten. Leinen

Tausendundeine Nacht
Nach der ältesten arabischen Handschrift in der Ausgabe
von Mushin Mahdi
erstmals ins Deutsche übertragen von Claudia Ott
9., durchgesehene und überarbeitete Auflage. 2007. 698 Seiten. Leinen

Tausendundeine Welt
Klassische arabische Literatur vom Koran bis zu Ibn Chaldûn
Ausgewählt und übersetzt von Johann Christoph Bürgel
2007. 525 Seiten. Leinen

Verlag C. H. Beck